小学语文教师·书林

吴忠豪 编著

# 吴忠豪教授

## 评课

第三辑

上海教育出版社

SHANGHAI EDUCATIONAL
PUBLISHING HOUSE

图书在版编目（CIP）数据

听吴忠豪教授评课.第三辑/吴忠豪编著.—上海：
上海教育出版社，2021.11
ISBN 978-7-5720-1019-4

Ⅰ.①听… Ⅱ.①吴… Ⅲ.①小学语文课－教学参考
资料 Ⅳ.①G623.203

中国版本图书馆CIP数据核字(2021)第245312号

责任编辑　李梦露
封面设计　毛结平

小学语文教师书林
听吴忠豪教授评课　第三辑
吴忠豪　编著

出版发行　上海教育出版社有限公司
官　　网　www.seph.com.cn
地　　址　上海市闵行区号景路159弄C座
邮　　编　201101
印　　刷　上海龙腾印务有限公司
开　　本　700×1000　1/16　印张 12.75
字　　数　182 千字
版　　次　2021年11月第1版
印　　次　2021年11月第1次印刷
书　　号　ISBN 978-7-5720-1019-4/G·0801
定　　价　48.00 元

如发现质量问题，读者可向本社调换　电话：021-64373213

# 前言

我从事语文教育研究四十年有余。从20世纪70年代至今,我有大量机会直接与几代小学语文名师零距离接触,当面倾听过霍懋征老师、袁瑢老师的教诲,经常与于永正、贾志敏等老师切磋研究语文教学改革的热点问题……而今虽已过耳顺之年,仍守望毕生钟爱的语文教学事业,常年辗转全国与各地名师广泛接触:深入课堂听课评课,与一线教师备课磨课,观摩名师的示范课,与各地名师面对面交流讨论,就语文课程与教学改革发表自己的见解……正是因为长期得到几代名师亲自指点,能够不断从名师课堂中汲取源头活水,我对语文课程与教学的理论思考才不断深入,对语文课堂教学改革才能提出一些自以为有价值的见解。

由于专业研究工作的需要,我一直有意识地收集各地名师的课例以及国外母语教学案例,研究他们的教学主张、教学风格和教学方法,并经常对一些有代表性的课例进行点评,在刊物上发表。《小学语文教学》《教学月刊》《湖北教育》《小学教学设计》《小学教学》等多家专业刊物还陆续辟出专栏,发表我撰写的评课文章。去年上海教育出版社《小学语文教师》杂志杨文华主编建议我将发表过的一系列评课文章汇编成集,正式出版。我个人以为如果简单地将这些文章汇集成册,虽然也能受到广大小学语文教师欢迎,但价值有限。我在编辑整理资料过程中突然萌发出一种想法:将以往发表的评课文章编为《今日风采》《昔日经典》《窗外景观》三册,这样一套评课系列丛书能让广大教师联系各个时代、各个区域小学母语教学的大背景去研读,或许对广大语文教师了解研究中外小学语文母语教学改革的状况更有启示!出版社对我的这一设想充分加以肯定,于是就形成了这套《听吴忠豪教授评课》丛书的编写思路。

《今日风采》(第一辑)收集了2000年以来各地语文教坛涌现的一大批中青年名师的精彩课例。这批名师至今仍然在小学语文教坛熠熠闪光,有些已经形成了自己的教学主张和教学风格,得到全国小学语文教师的广泛认同;但更多的还处于专业发展的上升期或成熟期。我在评点这些课例时发现,当下这批中青年语文名师为引领并推进我国语文教学改革作出了很大的贡献,在课堂教学实践中屡有创新,特别是在现代教学手段运用方面有很大的突破;但是与老一代名师相比,他们对语文课程性质任务的认识,在教学方法或教材处理等方面仍有不足,还有提高的空间。当下我国的语文教学正处于转型期,有许多理论与实践问题亟待研究,因此更需要先进的教育教学理论指引。为此我在点评时对课例中的亮点予以充分肯定,但对存在的问题也直言不讳地指出,并对如何改进提出个人的意见。我以为这样的评课对广大语文教师,包括这批中青年名师专业发展更有帮助,也更能体现语文教学研究工作者的治学态度和专业精神。

《昔日经典》(第二辑)收集了一批自20世纪七八十年代以来活跃在小学语文教坛的一批最有影响力的名师经典课例。这批名师中有被称为"小学语文教师三面旗帜"的斯霞、霍懋征、袁瑢老师,有被誉为我国小语界当代四大名师的于永正、贾志敏、支玉恒、靳家彦老师,还有至今仍在全国小学语文教师心目中享有盛誉的丁有宽、李吉林、左友仁、顾家漳、王燕骅等老师。这批名师凝聚多年心血和智慧打造的一大批经典课例,代表了那一时期小学语文教学研究的最高成就,具有鲜明的时代特征,不仅不可多得,而且难以复制。联系当时的语文教学改革的背景,结合现代语文课程与先进教学理念加以点评,可以让广大语文教师真实地了解那个年代小学语文课程与教学改革的实况。研读这些名师的经典课例及点评,不仅可以促进教师的专业成长,而且对推进当下语文课程与教学改革具借鉴作用。

《窗外景观》(第三辑)收录了我国台港澳教师以及国外教师的近20个课例。有些课是在大陆上过的,但更多的是从各种书籍或报纸杂志上摘录的。特别是外国教师的课例,基本都是翻译过来的。由于对母语课程的性质、功能认识各不相同,因此各地小学母语教学差异巨大。通过对这些差异的比较研究,我们可以更加清晰地发现台港澳及各国语文教学中的经验和教训,并从中获得收益。研读这些课例,对我国小学语文教学改革有着十分重要的理论意义和实践价值。当然,书中收集的有限课例很难全面显示出各国各地区母语教学的情况。比如近年来在大陆举办的各种语文教学研讨活动中,我们不时能够听到台港澳教师上的语文课。但是单凭这几节课来判断台港澳的语文教学,难免会得出盲人摸象的结论。因此我们在研读这些课例时,只能以窥斑见豹的方式,从一鳞半爪的课例中去窥视窗外语文课堂教学的景观,从差异中去寻找可资借鉴之处。发现并研究这些差异,可能更有助于我们探索语文课程与教学改革的正确方向。

编入这套丛书的大部分课例曾在各类书籍或刊物中发表。为保持原貌,引用的课堂实录和教学设计我只在文字上作了小的改动。课例点评部分,我按照自己近年来对语文课程与教学理论的研究体会进行了一定程度的修改。

正是诸多名师多年来奉献的优秀课例,才使得本套评课丛书编写有了坚实的基础和较高的起点。对此,我向这些长期在语文课堂辛勤耕耘并无私贡献自己心血和智慧的名师致以崇高的敬意。

期待这套评课丛书能为广大语文教师的专业成长助上一臂之力。

上海师范大学　吴忠豪
2020 年 5 月

# 写 在 前 面

　　张志公先生曾经说过:我们国家的语文教学改革必须从三个方面着手:一是要研究当前我国的国情,二是要研究传统,三是要研究外国。"对于传统的和外国的经验都应进行认真、冷静、科学的研究,取其所应取,弃其所当弃。"(吴亨淑《日本语文教育研究》)通过对传统的和外国语文课程的比较研究,我们可以发现现代语文教学一直坚持的以文选讲读为基本特征的教学方法,其实并非我们老祖宗流传下来的,也不是世界各国通行的小学阶段学习母语的方式,其源头可以追溯到建国初期苏联专家指导下的《红领巾》教学观摩讨论。由于当时我们对苏联母语课程采用的俄语和文学分科教学缺乏全面研究,误将其"文学课"的分析讲读模式当作"语文课"的教学模式加以引进,因而使我国中小学"语文课"教学刻上深深的文学课烙印,对课文内容越分析越深,语文课教学内容越讲越多。随着教学改革的不断深入,语文教师逐渐认识到方法策略指导比讲授语文知识更重要,因为"最有效的知识是关于学习方法的知识","授之以鱼,不如授之以渔",因此把宝贵的课堂教学时间都放在方法策略的讲授上。语文课从讲课文内容到讲语文知识,再到讲语文方法策略,我们一直在研究的是语文课讲什么最有效,因此语文课一直难以跳出教师讲为主的窠臼。其实心理学早就有研究结论:"小学生母语学习最好的学习方法不是直接教学规则性的语文知识,而是通过听说读写实践提升学生语言运用能力,在运用语言实践习得(内隐学习)语言规则。"《语文课程标准》也指出:"语文课程应该注重引导学生多读书、多积累,重视语言文字运用的实践,在实践中领悟文化内涵和语文应用规律。"所以语文课最好的学习方法就是让孩子大量读书，大量写作，在读书写作实践中体会领悟语言运用规则。语言知识和规则也是学生在实践中习得的：读写实践越多，学生获得的经验就越丰富，理解体会的知识规则也越多，语文素养越高。《语文课程标准》将语文课程界定为"学习语言文字运用的综合性实践性课程"，通过亲身实践学习语文是这门课程的基本特点，学生的听说读写能力都是通过自身实践获得的，这与学游泳、学骑自行车相仿。教师讲得越多，就会背离学生学习语言的规律越远。

发达国家母语课程理念与我们存在着诸多差异。首先，国外小学母语课程以语言课为主，俄语课、英语课、德语课、法语课都是语言课，与语言课并行设置阅读课，阅读课主要教学方法就是学生读书，不是听教师讲解分析课文；而我国语文课程是以阅读为中心，语文课主要是教师领着学生阅读分析课文。其次，大多数国家母语课程以培养表达能力为重点，在课时分配上明显地向表达课倾斜，日本甚至明确提出国语课以表达为重点的；而我国现代语文教学的三分之二甚至四分之三的时间是花在课文分析理解上。再次，大多数国家母语教材是以语言知识和读写方法为序列编写的，教学目标和内容非常清晰；我国的语文教材主要由选文构成，分析理解课文成为语文课的重头戏。教师必须首先平衡课文阅读与语言知识技能教学之间的关系，造成教学目标错综复杂，教学内容扑朔迷离，即使优秀教师也难以把握，而且使得语文知识与技能的系统性难以体现。这些差异是否是造成我国语文课程难以走出高耗低效困境的症结所在？实在需要引起我们的警觉！以上这些差异的形成，都不是教师教学层面的问题，而是课程层面存在的问题。如果不从课程层面上加以改进并在教学实践中积极寻找对策、妥善化解，那么我国的语文教学要实现美好的愿景可能会遥遥无期。

当然对广大语文教师而言，要解决语文课程层面的问题可能不很现实,但是了解国外语文课程的理念和教学方法,对开阔视野、转变教学理念,并且以此促进课堂教学改革、提高教学效率,一定是十分有益的。这册专辑提供了包括美国、英国、俄罗斯、日本、澳大利亚等国家以及我国台湾、香港、澳门地区的语文课例 20 多个。港澳台与内地的人们都是炎黄子孙,文化血脉都是同根同源,所学的语言都是汉语,所学的汉字也仅有简体与繁体的区别。然而台港澳使用的课程标准和语文教材都不一样,加上政治体制以及意识形态的不同所产生的隔阂,台港澳教师在课程观念、教学内容及教学方法等方面,尽管和我们有不少相似之处,但差异也非常明显。这些案例虽然不可能让我们全面了解各国各地区母语教学的状况,但是透过这扇窗门,可以让我们发现窗外母语教学与我们的差异,可以深刻认识儿童母语学习的一些规律,更加深刻理解我们的语文课程高耗低效的症结所在,有助于更加清醒地探索语文课程改革的正确方向。

重视阅读能力培养是各国母语教学的共识。外国同行怎么教学生阅读的,是否也像我们那样讲读课文?读了这本书中呈现的六个外国阅读课案例,你就会发现外国教师阅读课很少甚至没有分析课文这样的教学环节。澳大利亚的阅读课《皮皮的长筒袜》应该算是西方国家比较典型的阅读指导课:首先是学生自己连续几天读这本书,读后组织讨论,但主要是学生发表阅读感悟,不是教师逐段逐节讲读分析;其次是给学生推荐这位作者写的其他书目;三是结合这本书引导学生改编成剧本,进行各种形式的语文综合性学习活动。他们的阅读课主要是学生的读书和听说读写各种学习活动,与我们以教师分析讲读课文内容与写作方法的阅读课形成鲜明的对照。俄罗斯的《红气球》,教师将课文用作复述故事的材料,指导学生编拟提纲,然后转述课文故事。而《美国阅读课中的小型课》主要是教阅读方法,其中五年级那节课甚至连课文都没有出现,教师花了十来分钟指导学生学习一种学习方法,然后就是学生自己读书。《美国低年级读书课》原来题目是《低年级阅读指导课》,对我们语文教师来说阅读课没有指导几乎是不可想象的,但是对美国教师而言情况正好相反。因为美国阅读课就是学生在阅览专用教室里自由阅读,学生读的书也不一样,因此教师如何给予指导反而成为需要研究的问题。其实阅读是一种个人行为,阅读能力就是通过大量的阅读实践才能真正提高,而不是教师讲出来的。

外国的课例中与我们阅读课最接近的是日本国语《跳水》这个案例。按照我们的教学习惯,教这篇课文要读懂故事的起因、经过、结果,分析课文中人物形象,感受船长的机智果断,还要深入体会文章的表达方法,等等,一般用2—3个课时,最多不会超过4课时。日本教师教这篇课文却用了9课时,他们是怎么教的呢? 仔细读这个案例我们会发现,日本教师选择的教学内容和教学方法与我们完全不同:课堂上讨论的是学生阅读中提出的问题,加上学生的感想写作和分享;主要教学方式是学生的学习活动,主持讨论的也是学生,教师基本不讲,只是在一旁起组织指导作用。正如我在《皮皮的长筒袜》这课的点评中写的那样:国外教师的授课计划尽管写得简单,但所设计的主要是学生在课堂内的学习活动,教师制定教学计划时的目光始终聚焦在学生的学习活动上,思考学生"学"什么,用怎样的方式来"学",其设计的出发点始终是学生的"学"。教案尽管简单,但是学生在课堂内所要开展的学习活动是非常具体的,教学目标是清晰的,操作性和可检测性都很强。反思我们有些教师尽管备课教案很详细,但是教案中主要是写教师怎样"教",这一段教哪些知识,这个环节中教师该说什么话,该提什么问题,等等,以至于课堂中呈现的是教师过度的指导,学生学习活动的时间往往被教师滔滔不绝的讲述所挤压,原本需要用大量时间来完成的说话、写话等言语实践活动往往变成一种点缀,蜻蜓点水,一晃而过。

出现这种现象主要不是因为语文教师喜欢这样做,而是因为阅读课的目标就定位在学生对课文内容的深度理解。我们追求的不仅是读懂课文,而且是要求学生理解文字背后的东西。要达成这样的目标,只能以教师讲解分析为主要教学方式,因为不讲学生就不会理解。教师讲的内容大多是教师事先深入钻研教材并参阅大量文献资料以后才获得的新认识。如果没有事先充分准备以及教学参考书的支持,许多内容教师也不一定能够发现和理解。语文课的问题就在阅读目标超越学生的认知水平,造成课堂教学方法背离了语文课程的实践性特点。钟启泉教授指出:儿童阅读的本质是一种意义建构。而语文教学中的课本阅读,常常表现为接受教师关于课文的结构分析。教师的讲解是以作品与作者为中心展开的,分析课文的主题与篇章结构成为阅读指导的主要内容,忽略了阅读过程中文本与儿童读者经验之间的关联。教师只是让学生(读者)接受作品与作者的信息,产生鉴赏(消费者)的作用。此种情形下,儿童读者往往是被动的接受者,而非主动的建构者。(钟启泉《儿童阅读的本质及其环境设计》)教师讲授内容难以让学生产生意义建构,因而使教师辛辛苦苦上的语文课出现"教与不教差不多"的尴尬局面。可见,问题不在教师,而是语文课程确定的阅读教学目标越位以及教学方法失当使然。

语文教师一定非常关心国外教师是如何上作文课的。这本书中选了六个作文指导课案例。读了《日本的生活作文指导》,我们可以发现日本小学生作文不是当场回忆当场写作,因而学生不会产生找不到写作材料的困惑。这不是因为日本小学生观察能力出色,而是因为教师在作文前留出充分时间引导学生收集作文材料。日本教师认为学生写生活作文,能够让小学生接触社会,通过以生活世界为对象的写作,在培养语言能力的同时,增加对生活的观察、对社会的关心,促进学生精神上的社会化进程,形成主体性的人格。日本教师将学生的语言培养和人格塑造结合为一体,作为其最终的目标,这是非常先进的作文教学理念。当下我们的语文课程改革进入到培养学生的核心素养的深水区,这样的作文教学理念和教学经验是很值得借鉴的。

读了美国作文指导课《写一个自序》和《写一个故事》,可以发现国外同行指导作文不仅仅是指导—写作—评讲三段式,而是六个环节。特别是作文修改和发表环节很有意思,给出具体详细的修改提示,可以有效提高学生修改质量,引导学生用各种方式发表自己作品,还可以让学生更加明确写作目的和对象,有利于激发学生的写作兴趣。此文可见学生害怕作文,对写作的恐惧心理并非我国小学生独有,世界各国的孩子都是如此。美国同行根据儿童的心理设计六环节作文指导过程,对促进学生养成良好的写作习惯、激发作文兴趣,应该是很有帮助的。

许多语文教师非常关注读写结合,在阅读教学中挤出时间增加学生的表达实践练习,一定程度上弥补学生写作练习时间的不足。这样的做法可以从各国同行的母语教学中找到依据。国外教师的阅读课里也用大量时间指导学生练习写作。日本国语课《疑问追踪》教的是一篇课文,但教师把这篇课文当作学习材料,利用课文设计各种形式的听说读写练习,引导学生开展综合型语文实践活动。用于作文练习的时间甚至超过了用于阅读的时间。在国外的母语课上,像我国语文课以解读课文内容、体会写作方法为目标的教学方法罕见。以学生语文实践练习为主要方式的语文课,既不是单纯的阅读课,也不是简单的作文课,因为学生的学习活动往往涵盖听、说、读、写各个领域。这样的语文课是否更像是理想的语文课?

这册评课专辑的第二部分收集了 8 个台港澳教师的语文课例。通过这些案例我们一鳞半爪地了解台港澳语文课的概况。前几年我发表的《从教课文到语文——实现语文课的美丽转身》在语文教师中引起强烈反响。其实那篇文章就是2002年听了香港舒伟老师在武汉上的《毕加索与和平鸽》这堂课有感而发的。舒伟老师这堂课的教学重点不是解读《毕加索与和平鸽》这篇课文，不是感悟课文中人物的思想情感，而是指导学生画课文人物表现的"流程图"，指向一种写作方法的学习。整个教学过程就是围绕这个课程目标设计教学环节，并且层层深入地开展指导，使学生理解方法，再通过实践运用方法，立足于学生"学会"。教师在这堂课里"教什么"是清楚的、集中的，学生通过这堂课到底"学会什么"也是明确的，并且可以检验自己是否学会。这堂课表现出与当时内地教师完全不同的教学理念。现行语文统编教材的一大亮点就是明确了各单元的语文要素，学生不仅要读懂课文内容，更要学会语文要素提示的语文知识或阅读写作策略。这和舒伟老师10多年前提出的教学理念基本一致。

本书还收入了澳门、香港、台湾老师同课异构《去年的树》三个课例。尽管教的是同一篇课文，但是三位语文教师确定的教学内容完全不同。澳门老师选择即兴表演，通过扮演角色引导学生在轻松快乐的氛围中加深对课文的理解，在提高语言能力的同时开发学生的组织能力、合作能力、逻辑推理等多元智能。香港老师是从课文主题延伸出扩展性说话和扩展性阅读训练，这些说话练习和阅读练习虽然与课文主题有一定联系，但都不是在学习《去年的树》这篇课文内容，整堂课用于教学课文的时间应该不到三分之一。如果我们的教师用三分之二教学时间教学课文以外内容，一定会引起激烈的争论，但这样的教学设计却正体现了香港语文课以课文为例教学生学阅读、学表达的特点。台湾老师主要从课文中引申出的几个重要的议题展开讨论。如果仅仅讨论这几个议题，那么极容易造成语文课性质任务的异化,因为这些议题在思品课或社会课上讨论更加合适。可取的是台湾老师将议题讨论设计成四次说话写话练习,要求学生同桌或分小组说话,然后再交流,其中2次还安排了写话练习。这是非常值得提倡的能够体现语文课特点的教学设计,不仅能提高学生语言表达能力,而且能加深对课文思想内容的深入思考,获得情感态度价值观的教育。

近年来不断有台湾教师到大陆来上语文课,台湾教师生动活泼的课堂教学风格,为大陆语文教坛带来一股别样的清新空气。然而我们看到的往往是台湾老师上的一节课,单凭一节课来判断台湾的语文教学,得出的结论难免会有盲人摸象之嫌。台湾教师教学一篇课文完整的过程是怎样的,大陆教师一般很少会了解。书中选入了台湾五年级语文课《岁暮》,这个课例选自台湾师范教材《小学语文科教学研究》,是供台湾师范生研读的,应该具有相当的示范性。这篇课文教学6课时,分三个板块:第一是准备活动,与大陆阅读教学中的预习大致相当;第二是发展活动,主要用于新课传授,包括字词教学、课文内容和形式深究欣赏等,与我们的讲读课文环节大致相当;第三为综合活动,用三个课时指导学生说话、习作和写字,这一板块在大陆语文课中找不到对应的环节。因为学生综合性实践活动占了整篇课文教学课时数的一半,就使得语文课上学生说话、写作等实践活动有了时间上的保证。这个课例比较完整地展示了台湾语文课的教学过程。研读这个课例可以发现,台湾语文教学在课文内容和形式的深究方面用的时间比我们还要多,对课文形式和写作特色欣赏方面挖掘得比我们还要深,这些并不可取;但在课时安排上保证了学生说话、写作和书写练习,在语文课程实践性特点的落实方面明显比我们做得好。

研究国外以及台港澳小学语文教学的积极意义是有目共睹的,然而这项研究十分艰难。因为地域限制和语言隔阂，要收集到第一手的文献资料极其困难，特别是国外的材料；要把不同国家不同语种的教学案例翻译成中文并且加以研究，其难度及工作量更是不可想象的。这套评课丛书一共三本，这一本点评国外和台港澳语文课，编写难度最大，而且有些课例由于相隔年代比较长，不一定能够反映一些国家当下母语教学改革的动向。尽管如此，我还是认为这本评课专辑有其独特的不可替代的价值，因为看看外面的同行母语教学课例，了解他们的母语教学理念，可以极大地拓展我们的视野，从而使我们的语文教学沿着更加正确的方法推进。建国初期由引进苏联母语课程教学而触发的一场语文教学改革，在我国现代语文教学史上写下了深深的一笔。当前我国语文课程改革进入到攻坚阶段，语文教学思想空前活跃，语文教学理论和教学流派频现，语文教学改革成果纷呈。在这样的社会背景下，认真研究国外和台港澳地区语文课程理论和教学课例，可以为我国语文课程改革提供更多选择。

我非常期待这本书能够为我国语文课程教学改革提供新的视野，为推进我国语文教学改革发挥积极的作用。

吴忠豪
2020.4.3

# 目录 | contents

## 台港澳语文课

# 外国小学语文课

# 美国阅读课中的小型课

  美国英语课程教学十分重视学生的阅读,每个学校都有专用的阅览教室,每天都安排学生阅读的时间。美国的阅读课主要就是让学生自己阅读。有些小学每天安排一小时让学生进阅读作业室进行自主阅读。这一个小时里,教师一般安排 10—15 分钟进行阅读指导,称为"小型课"。余下时间主要用于学生自主阅读或小组合作阅读,以及阅读后学生的交流。

  美国教师在小型课里教些什么内容?这种课又是怎么上的呢?下面引录低年级和高年级两个小型课的课堂实录,一起来感受一下美国小学教师小型课的上法。

## 【教学过程】

### 怎样理解不认识的词语(一年级小型课)

**一、提出任务**

  师(苏珊娜,以下简称苏):假设我是一个一年级学生,阅读时碰上一个不认识的单词时怎么办?我们应该把大家所做到的都列到一张单子中去。

  苏从一篇放大了的文章中读了和理解这个单词意思有关的两个句子。

**二、师生讨论**

  1.同伴先讨论起自己所使用的理解不认识的词语的方法(技巧)。然后举手发言。

生：就看你知道的部分嘛。

生：读个大概就得了。

生：弄清楚以后读出来。

苏：还有呢？

生：可以把它表演出来。

师觉得这有些行不通，于是表现出困扰的样子。

生：你能看图片。

苏：图片如何起到帮助作用？

生：图片就说明了单词。你可以看到图片里发生的事，看到以后就会和单词联系到一块儿了。

2. 苏在一张标题为"我们如何应对有困难的部分"的纸上写下了该想法：可以看图片里发生的事，然后和单词联系起来理解意思……师读这句话：好，你们完成了所有这些工作。


### 三、操作练习

1. 师拿出一本名叫《如果你把一块饼干给一只耗子》的书。

我们来看这本书。书中有些偏难的词，我已经用贴纸把它们贴住了。我们要注意自己在碰到这些难词时应该如何应对。

生读：如果你把一块饼干给一只耗子，你会再要（　　）牛奶。

苏：贴去了什么词？

生：一杯？

生：一瓶？

生：一口？

苏：我看到你们其中的一些人一再地阅读和思考。我看到你，萨姆，在看图片。大卫，通过阅读下文来猜测结果。

苏在纸上写下：

通过阅读下文来猜测结果。

继续阅读并重复使用相同的方法(技巧)获知下面两个被贴纸贴起来的词。

2. 老师总结:在碰到难词时我们能够使用很多的方法(技巧)来理解。我们假设贴纸就是难词。

3. 朗读纸上写下的理解词语的方法(技巧)。

## 四、独立练习

1. 试着把这些方法(技巧)应用于其他书本的阅读。

2. 不一会儿,学生们就分散到教室各处进行独立阅读。

(第二天)

1. 复习练习

先以《如果你把一块饼干给一只耗子》为材料做更多练习。

2. 合作学习

(1) 当碰到困难的部分时,你们对方法(技巧)的应用非常好。让我们再看一本新书吧。和你们的同伴挨着坐,试着阅读我发给你们的书,在不大懂的地方一定要用你们所知道的方法(技巧)加以解决。

老师尽量让不同程度的孩子拿到相应程度的书本。

(2) 教室里 30 个孩子都与同伴一起阅读。

(3 分钟后,一些孩子已经完成阅读了。)

3. 复习阅读方法

出示昨天总结的阅读方法表。

苏:我看到你们用了那么多方法(技巧)。朗读方法列表,这些方法是谁发现的?

老师把孩子们的名字写在每一项方法的后面。

4. 现在我们要做一些独立阅读

我的直觉告诉我,你们会碰到一些难词的,那就用这些方法(技巧)吧。好,记住它们,因为我们将会在其后进行讨论。

## 如何解决阅读中的疑问（五年级小型课）

### 一、提出问题

师（艾瑞卡里夫，以下简称艾）：作为一个阅读者，我意识到在阅读中试着提出问题并找寻答案是非常重要的。

（板书：保障基金　信托基金）

艾：我阅读时经常遇到这两个术语。我知道它们和财政及股市有关，但从来就不知道它们确切的意思。我想要把这两个词弄清楚，就需要收集更多相关的信息。我采用的策略是：

1. 阅读《纽约时报》上的文章，但从中仅仅略知一二。

2. 准备去读《纽约时报》的商业专栏，以往我读报时总是跳过那个专栏的。

3. 向那些从事该行业的朋友询问一些基本常识。

4. 问我的兄弟，让他指点一下我可以阅读哪些杂志。

作为阅读者和思考者，我们往往会产生一些疑问。可是在许多情况下这些疑问被我们忽略了。今天我们要抓住一些疑问，深入地思考一下，怎么去寻找问题的答案。

### 二、个人或同伴合作提出问题

1. 同伴讨论：回想过去一周甚至一月的生活，写下你们有过并且想更深入去了解的问题，然后选出一个，和你们的同伴计划一下，通过什么策略，比如阅读些什么书籍或刊物可以帮助你们获知最终的答案。

（讨论 5 分钟）

2. 全班合作交流。

艾：想出方案来解决一直困扰你们的问题，一定很有意思吧！

（全班交流。以此结束了积极参与的阶段）

## 三、布置作业

艾：你们能否再思考一下有没有这样的问题，即它让你通过阅读来探究问题并收集你们需要的资料。请大家找一个问题，然后通过阅读去探究，收集需要的资料，明天我们再继续这一话题。

（艾把一个定时器设置在半小时以后提醒，时间一到，她结束了教学。）

## 【总评】

小型课的教学目标——主要教全班学生一些可以应用于独立阅读的方法或策略。目标明确而集中。比如一年级小型课，教师出示的课文是《如果你把一块饼干给一只耗子》，但是很明显，这堂课的教学目标主要不是解读分析这篇文章的思想内容，而是教学生掌握阅读时如何理解不认识的词的方法，着眼于理解词语方法策略的教学。这堂课完全是以掌握学习策略为目标组织教学的，而解读文章则不构成这堂课的主要目标。五年级小型课的教学目标是根据需要解决的问题，如何去收集资料。教的也是一种解决问题的策略，需要指出的是这节课教师没有给出统一的阅读文本，教师列举的"保障基金"和"信托基金"等问题是出自哪篇文章，这位艾瑞卡里夫老师甚至提都不提，因为这和本课教学的阅读策略无关。因为目标集中，所以整堂课重点突出，教师可以用10—15分钟时间完成教学。而学生学到的这些策略性知识，可以广泛地运用于语文学习和其他学科的学习，甚至在今后的工作中也经常用得到。

小型课的教学方法——策略性知识掌握的目的是运用，检验学生是否掌握所教的策略性知识，唯一的标志也是看他能否运用。为了使学生能够有效地掌握阅读策略，两位教师都采用了先"理解"后"操练"的教学方法。先让学生明白这是一种怎样的策略，在什么情况下需要运用这种策略。苏珊娜老师是让学生先自己探索，然后加以总结提炼，帮助学生认识这一策略。而艾瑞卡里夫老师则将自己总结出的阅读策略直接教给学生听。他们的教学重点不在理解概念，而是在这些策略的实际运用。因此小型课以后他们留出了大量的时间让学生阅读，在实践中解决阅读中遇到的不认识的词语，运用这些策略性知识解决阅读中遇到的问题。

　　小型课的教材——美国小学都有英语(语言艺术)课本,但不一定有统一的阅读课本,阅读材料的选择权通常留给学生。一个班级里,阅读水平较高的学生和阅读水平较低的学生可以分别阅读不同的材料。如果学生阅读水平接近,但是兴趣爱好不同,比如有些爱好科技,有些爱好文学,可以组成不同的读书小组,选择不同的阅读材料。阅读课上学生阅读方式也可以因人而异,可以个人阅读,或形成不同的小组合作阅读。这样,可以使每个学生都根据自己的阅读水平和阅读兴趣,自主决定阅读材料和学习的方法,阅读效率能够得到较大的提高。为了便于指导,教师在小型课上通常是采用统一的阅读材料:或者是共用的课本,或者是教师统一复印的教材,或者将教师选定的一篇文章用投影放出,要求学生在上课前集合时就开始阅读。当然这种统一的教材多限于小型课上,小型课结束以后,学生阅读材料又各不相同了。这种情况在上述第一个小型课实例中清晰可见。

　　小型课中每天教学的方法和策略是相互关联、环环相扣的。所以在一段时间里,所教学的方法策略一般是前后连贯的。小型课教学的策略并不可能都起到立竿见影的效果,但它为整个课堂提供了一个合作解决问题的空间和氛围,为学生提供了一些行之有效的方法和策略。小型课是美国的小学教师的一种创造,我们可以从中获得许多收益和启发。

# 日本中年级阅读课《疑问追踪》

许多国家的语文教材中也有一篇篇课文,但是他们的教学方式不是教师带着学生解读课文主要内容、思想情感,分析课文的写作方法等等,而是把课文当作材料,利用课文文本设计各种形式的听说读写练习,引导学生开展综合型语文实践活动。像我国语文课上以解读课文内容、体会写作方法为目标的教学方法,在国外语文课上罕见。这样以学生语文实践练习为主要方式的语文课,既不是单纯的阅读课,也不是简单的作文课,因为学生的学习活动往往涵盖听、说、读、写各个领域,倒是更像真正意义上的语文课。在这样的语文课上,课文仅仅是学习语文的例子,整堂课的设计都是从课文引发延伸出去的、以学生听说读写为主的语文实践活动。

下面我们以日本国语课中年级教材一个阅读单元的教学为例(付宜红《日本语文教育研究》),具体感受一下日本国语课阅读单元的教学特点。

## 【教学过程】

### 中年级阅读单元《疑问追踪》指导计划(15 课时)

第一阶段(2 课时)

1. 阅读全文,就各自的疑问与感想交流。

2. 制作问题栏。以大家的疑问为中心进行交流。各自的疑问写在卡片上,再贴在大张的问题纸上,布置成问题墙。

第二阶段(6 课时)

1. 从解决问题着眼,就每个自然段的主要内容进行讨论。

2. 划分段落,并给各段加上小标题。

寻找每段中的重点句。理解重点句、段的含义。依据重点句,添加小标题。

3. 使用重点语句,给文章列出提纲。

无论是否认同作者的观点,确认每一个能表现作者观点的重点句。根据学生程度的不同,以能划分出段落为基本目标,鼓励个别学生对段意进行简单概括。

第三阶段(3课时)

1. 关于桥或人类的智慧,提出自己的疑问,寻找有关图书、资料。

教给学生有关图书分类的知识。

2. 制成"资料卡",把自己调查知道的信息进行交流。

为了让大家得到更多的信息,把各自调查的资料、信息制成一览表,大家共享。

让每个人有机会发表自己的成果,提高调查阅读的兴趣。

3. 根据自己的疑问,把调查结果进行总结。

第四阶段(4课时)

1. 制订成果发表会的计划。

成果发表可以作文、报纸、宣传手册等多种形式。

2. 各自宣读调研报告。

相同课题者组成小组,以小组形式共同发表成果。

3. 相互评价。注意思考各自的观点。

【总评】

课文题目叫《疑问追踪》,整个教学过程设计为四个阶段。其中第一阶段是学生阅读课文,提出问题,主要任务是制作问题墙。这个阶段相当于我们阅读课前的预习或自读环节,是以学生自主活动为主要方式。

第二阶段是阅读理解课文内容,组织讨论每段主要内容,学生任务主要有三项:1.划分段落;2.列出小标题;3.找重点句,列出提纲。这个阶段很值得研究讨论,因为这个阶段就相当于我们阅读课里的讲读课文环节。按照我们的习惯做法,这样一篇课文一般教学两到三个课时,那么这些教学内容大约多少时间可以完成? 估计就10来分钟吧,最多也不会超过半节课。可是日本教师却整整安排了6个课时。当然这么多课时的教法和我们10分钟20分钟的教法肯定不同。既然有这么充分的时间,那么每段课文主要内容讨论肯定更加深入,分段、列小标题、列课文提纲这些活动,每一项都会安排学生人人动手操作,然后再进行深入的讨论,后面还应该有学生自己动手修改之类的活动。如果从学会分段、列小标题和列课文提纲,并且要求每个学生都能真正掌握这样的目标看,那么就必须让每个学生都亲身参与其中,动手操作,还应该有反思修改的机会,这样充裕的时间安排可能是必要的。当然是否还可以加快节奏,提高教学效率,还可以进行研究。照观我们的语文课,教师为何能够在这么短的时间里完成这么些教学内容,是否我们的教师本事特别大? 当然不是。如果细心辨析就会发现,我们追求的只是教师教过,至于学生是否学会,大部分教师并不在意,这是一;其次,我们面向的是个别悟性高的尖子学生,只要他们答对,这个环节任务就算完成了,至于其他学生是否理解,由于时间有限教师只能忽略不计。相比较日本教师的务实,我们的教师是否过于浮躁,是否对形式的追求大于对内容实质的追求? 很值得我们检讨。

按照我们的观念,学生理解课文内容了,那么这篇课文就基本算是教完了,最多后面再做个总结,做几个练习,等等。但是日本国语课不是这样,读懂课文只是教学的一部分,从时间上算大致只是完成一半,还有一半是学生的综合性学习活动。这样的课时安排很值得我们认真研究,细细玩味。我们来统计一下这堂课第三、第四阶段7个课时学生的学习任务。

1. 专题性地提出疑问,寻找有关图书、资料,学习图书分类知识。

2. 制作"资料卡"。制成信息资料一览表,与同学分享。

3. 自己总结调查结果,写调查报告。

4. 用作文、报纸、宣传手册等多种形式发表自己的调查报告。

5. 各人或小组向班级同学发表研究成果。

可以发现,这5项学习任务主要不是以学习《疑问追踪》这篇课文为主要目标的,这些任务是从课文引申出来的综合性语文学习任务,而非单纯的阅读理解任务。学生在完成这些任务的过程中,不仅需要亲身经历资料搜集、问题调查、资料卡片制作、研究成果呈现、学习成果交流等各项学习过程,还需要综合运用语文课上学到的各种知识,比如质疑的知识方法,如何查找图书资料,如何梳理收集到的资料,如何制作信息卡片,如何写调查报告,如何编报纸宣传手册,如何进行公开演讲,等等。在完成各项任务的实践过程中一次次体验解决问题的过程,提高综合实践能力。

2011版《语文课程标准》指出:"语文课程是一门学习语言文字运用的综合性、实践性课程。""语文课程是实践性课程,应着重培养学生的语文实践能力,而培养这种能力的主要途径也应是语文实践。"在重视语文课程实践性、语文课应该加强学生的语文实践这一点上,我们认同并倡导的教学理念和日本没有太大的差异。现代语文教育的问题可能是出在教学实施过程上。这么多年来我们关注的重心一直聚焦在"教师怎样教语文",对文本内容的解读越挖越深,对语文知识和学习方法的研究越来越细,统编教材列出的语文要素包括阅读和习作要素居然有120多个。可是我们忽视了"学生怎样学语文"的研究;语文不是一门知识性、学理性课程,而是一门实践性课程;学生的听说读写能力是在实践当中学会的,而不是听教师讲会的。长期以来我们的语文课一直是以教师讲解分析为主,没有按照学生语文学习规律去思考语文课程的教学形态、教学内容、教学重点等深层次问题,这是否是这门课程长期走不出低效低能怪圈的主要原因?

日本国语课本中阅读单元安排的教学课时数很多,少的上6课时,多的上15课时。安排这么多课时的目标主要不是因为学习课文的需要,而是要开展各项以学生为主体的语文实践活动。比如四年级国语课文《小狐狸昆儿的故事》多达15课时,教师设计的综合性学习活动有:1.制作《小狐狸昆儿的故事》报纸;2.编写《小狐狸昆儿的故事》人物词典;3.结合课文阅读得到的启发,阅读课文作者的其他作品,和同学交流体会。以上这些内容与课文有关,但又不是简单的课文阅读,而是一种实践性更强的综合学习活动。

　　国外语文课上经常可以见到以阅读课文为例子,延伸设计出各种语文实践活动的情况。我们看到英美等国家的母语教材,其中课文文本占的篇幅并不多,更多的篇幅是课文后面的练习题目,练习题的篇幅远远超过课文的篇幅,而这些数量庞大的练习题目中,相当部分是听、说、写作、表演、资料查找等参与性的综合性学习活动。从这样的基础上可以看出,国外母语教学看重的不是课文的阅读理解,而是课文后面的语文学习活动,并且安排了足够充分的教学时间保证这些活动的完成。国外母语教学中体现出来的这些观念以及具体的做法,是很值得我们深思的。

# 日本阅读课《跳水》

《跳水》是俄罗斯作家托尔斯泰创作的儿童文学作品,也是多次入选中国语文课本的传统篇目。这篇文章也被收入日本《国语》课本。那么日本小学国语课是如何教学这篇外国儿童文学作品的? 下面我们引录日本教师松木正子严的教学计划以及课堂实录片段(付宜红《日本语文教育研究》),一起来认识日本阅读教学的组织过程,并具体感受一下日本阅读课上师生讨论分析课文内容的实际情形。

## 【教学目标】

1. 依据文中的叙述,一边想象场景和人物的心情,一边把握作品大意。
2. 品味作品的有趣之处,加深对父爱和生命的思考。

整篇课文大致计划分为四段进行教学。

## 【教学过程】

教学计划及课时安排:9课时。

第一段(2课时):阅读全文,思考学习要点(根据学生初读后的感想,把握阅读倾向)。

第二段(4课时):针对课题,把握每一个场面中的场景和人物心情。

第三段(2课时):思考《跳水》这一题目的含义,对父亲的行为和心情发表感想并写成感想文,然后相互交流。

第四段(1误时):学习汉字和新词。

## 【评】

日本小学匡语教材中编选的阅读课文数量极少,因此每篇课文教学时间都比较长。像《跳水》这样一篇课文,按照我们的习惯大概用 2—3 个课时,最多也不会超过 4 课时。而日本教师却要用 9 课时。我们来分析一下 9 个课时是如何安排的。整个教学过程分四段。第一段 2 课时,相当于学生预习课文,通过学生初读感想,教师把握学生的阅读倾向。第二段把握场景和人物心情,相当于我们的讲读课文,居然用了 4 个课时,真是奢侈。第三段是写感想文,然后相互交流,阅读后写感想这样的环节中国教师偶然也会安排,但是我们一般是三五分钟,最多十来分钟,不可能用 2 课时。最后第四段专门用一个课时来学习汉字和词语,时间比较充裕,课文学完再来复习汉字词语,有利于复习巩固。

请大家注意一和三两段阅读写感想文的安排。阅读感想文是日本国语课最常见的写作文体。几乎每篇课文都安排有结合课文阅读写感想文的要求。好在日本国语课本中的阅读课文数量很少,每册少则三四篇,多的也不过五六篇。写读后感的目的不只在于提供写作机会,提高学生写作能力。日本学者们认为学生阅读后的感想单纯、质朴,完全是建立在学生已有经验基础之上的率真的感受,必须给予高度的关注、尊重和利用,也只有这样,才有可能给下一步的阅读和调动每一个学生的阅读兴趣打下基础。因此,初读课文后交流阅读感想,讲读后再一次组织学生写感想文,似乎已成了日本中小学语文教学必不可少的环节。

日本国语课的读后感一般分两次写。第一次称为"初发的感想文",属"初读"课文后安排的一个环节。中学一般作为家庭作业事先布置,小学则多安排在课堂内当堂发表。这个课例中第一段两个课时,至少有一个课时安排感想文的写作与交流。当然第一次感想文也有不要求成文的,只写出提纲、提出问题就可以了。这些问题往往就成为课堂教学重要的依据,日本教师往往以学生"初发感想文"中提出的问题为线索来设计阅读教学。"第二次感想文"是课文讲读讨论以后写的感想文,如果已布置了写"初发的感想文",这种读后感想文又称"第二次感想文"。这一次写感想文是读写结合的重要作业,也是这一单元学习考查的重要内容,因此要求比较严格。学生写完后一般要求用正式稿纸誊清。日本教师都很重视积累学生感想文的资料,一方面用以检查和研究自己的教学效果,同时也作为以后教学的参考依据。

这一课例我们主要研究的是第二段的4个课时"把握每一个场面中的场景和人物心情",深入体会日本教师是如何引导学生深入体会课文思想内容的。因为从整个教学计划看,这个教学环节和我们中国阅读课上的讲读课最为接近,但是所用的教学时间远多于我们。这样短短一篇700多字的课文居然教了4个课时,日本教师是怎样教的呢?

我们一起看其中第五课时教学安排。这课时主要讨论课文的高潮部分"父亲在危急关头,把猎枪指向自己心爱的儿子,并命令他从高高的桅杆顶上跳水"这一段。教学目标是:想象站在桅杆顶端的儿子和把枪指向儿子的父亲的情景,理解父亲为什么要这样做,以及当时的心情。为帮助学生理解当时的紧张状态和父亲的心情,教师根据学生初读课文提出的疑问,安排了如下学习活动的内容:

① 明确学习目标。(理解"跳"时父亲的样子和心情)

② 朗读相关的教材内容。(朗读指导)

③ 理解船长儿子处境的危机。

④ 根据文中语句,理解并想象船长儿子听到水手惊叹声时两腿哆嗦的场面。

⑤ 根据文中语句,注意船长儿子所在位置的高度,理解若要返回可能出现的情景。

⑥ 思考父亲突然把枪指向儿子的原因。(为什么突然发生这样的行为?)

⑦ 想象父亲当时的心情。(让学生在交流时尽量用教材中的语句为证据来说明自己的理由)

⑧ 读文。(注意文中描写是否形象地表现了当时的情景和人物心情)

⑨ 下节课的学习内容预告。

## 第5课时课堂实录片段(学习活动内容④、⑤)

板书:为什么父亲突然把枪对准自己儿子?

生:我觉得因为儿子腿哆嗦就容易掉下来,这样很危险,是为了不让他哆嗦才这样做的。

主持人:大家觉得这个回答怎么样?

生:为什么危险而要用枪来对准他呢?

生:比起掉在甲板上,掉在海里要好些。

生:正好父亲那一瞬间手里拿着枪。

生:"跳"的命令和把枪对准孩子,会更吓着孩子,不如温柔些对孩子说:"快点,往海里跳。"

生:孩子稍有些偏差就会丧命,所以当时容不得慢慢地去说。

生:孩子会害怕被枪打死,所以一紧张就按照命令去做了。

生:船长用数"一、二"的办法,让孩子在腿来不及移动的瞬间,跳到水里。

生:在孩子双腿打哆嗦的时候,我想大声、果断的命令效果会更好。

生:那是在 40—45 米的高度,要是让我从那么高跳下来,我会很害怕。不过,比起被枪打死,可能更会选择跳下。我想父亲这样揣测儿子的心理,所以这样做。

生:课文前面写着回头已经不可能了,所以只有跳水这一条路。

师:大家在游泳时,有没有过跳水的经历?

生:有。

生:太害怕,不会跳。

生:我会跳。

生:我有过,但跳下去胸脯被水拍打得红红的,好疼啊。

生:那是你没跳好,失败造成的。

生:大家都说跳到水里会得救,但要是跳不好,也相当危险啊。

生:被水面拍打可能会与落在甲板上一样危险吧。

师:这些恐怕船长都清楚,那么,船长为什么还要对儿子发出"跳水"的命令?

生:船长为了救儿子,太着急了,没有多想。

生：从那么高掉下来一定会死。不管怎样，在那种情况下能说出"跳水"，是很有勇气的。

生：当时少年腿在哆嗦，并没有主动跳的意识，船长希望吓唬他，让他主动地跳，这样会比掉下来要好些。

主持人：因为时间关系暂时讨论到这儿，下一节课和有同学提出的"如果少年没有跳，船长会怎么样"问题一同联系起来继续讨论。

## 【评】

尽管只是第五课时中的一个教学片段，但是我们能够从中发现中日两国小学阅读教学之间的鲜明差异。

首先，是围绕学生阅读中提出的问题组织教学。日本阅读教学在学生初读课文以后大多安排学生交流阅读感想，包括提出阅读中的疑问。而学生提出的问题正是教师组织这篇课文阅读教学的主要依据。从这一课的教学内容安排中可以看出，这个教学实录开始讨论的第一个问题"为什么父亲突然把枪对准自己儿子"，和主持人最后提示的下节课讨论的问题"如果少年没有跳，船长会怎么样"，都是学生在阅读过程中提出的问题。教学中，教师从学生的疑问入手组织教学，反映出对学生疑难问题和阅读诉求的关心，体现了教师以学生为本的教学思想。课堂教学中，教师充分大胆地放手让学生自己主持讨论，教师只是在关键处适当加以点拨，引领讨论沿着正确的思路开展，充分体现了学生自主学习的要求。教师的主导作用主要体现在教学内容的预设和在讨论关键处的适当点拨。和我们阅读教学中教师周密的预设和过程中过度的指导，形成了鲜明的对比。

其次，课堂教学的重点是让学生交流自己的阅读感受，包括主持人都是学生，教师站在一旁成为学习的伙伴。通过这一教学片段，我们可以窥斑见豹式地了解日本阅读课教学的大致情况。如前所述，日本《国语》课本中阅读课文的数量十分有限，而每篇课文教学的时间动辄8课时、10课时甚至更多。一篇课文教那么多时间，教师究竟是怎么教的呢？从《跳水》一课的教学计划看，除了安排4个课时让学生交流阅读感受,通过讨论化解学生阅读时提出的难题,第二段4课时的教学内容是"针对课题,把握每一个场面中的场景和人物心情",可见这4课时主要是讨论课文中一个个场景,体会人物当时的心情。而讨论这些场景和人物心情的最终目的,还是落实在学生对全篇课文理解和感受的升华方面。在第一遍初读后所谈的感想中,有些学生认为孩子爬上桅杆,表现出少年无畏精神,很有勇气;经过学习、讨论、交流后,这些较低层次的感想逐渐被"父亲有勇气"所代替。孩子们开始关注父亲临危不惧的应变能力、判断能力和竭尽全力救助儿子的爱子之心。这种变化表明学生通过主体阅读,对作品主题理解和认识的逐步加深。

再次,阅读课教学目标比较单一。日本阅读教学单元目标侧重在提升学生的理解力,丰富学生的情感体验等,而对于听说、写作等语文能力的训练,字、词、句、篇及表达方法等语文知识,也就是日本教育界所称的"语言事项"内容的教学,则主要不是分散穿插在阅读教学过程中完成。这是因为日本《国语》教材中的听说训练、写作训练和语言知识教学都自成单元,即使阅读单元中有写作练习或语文知识教学内容,也是另辟专门课时进行教学。比如《跳水》这一课的第3段安排2课时让学生写感想文,第4段又安排1课时让学生学习汉字和词语。这样在讲读课文环节中教学目标就能够集中,教师无须再去考虑如何结合讲读安排听说、写作和语文知识教学等内容,大大减轻了教师的压力,也使得阅读教学的复杂程度大为降低。

下面我们引录《光村国语》教材第二册的目录。这册教材有四个阅读单元,每个单元除了一篇阅读课文,还编写了其他一些内容。下面是其中三个单元的教材内容安排:

| 第4单元 | 阅读课文 | 把课文里自己认为有趣的地方讲给大家听。<br>选择一本自己喜欢的书介绍给大家,把书中出现的人物或小动物画下来,在画的反面写下自己要说的话。 |
|---|---|---|
| | 词汇练习 | 词汇　日つけと　よう日 |

（续表）

| 第7单元 | 阅读课文 | 回答问题。例:比较一下小狮子和小斑马出生的时候有什么不同? 长大后有什么不同? 制作成卡片。 |
|---|---|---|
| | 单词练习 | 相似汉字的练习。 |
| 第9单元 | 阅读课文 | 深情地朗读课文,根据课文回答问题。<br>例:把自己喜欢的地方以画画的形式写下来。根据自己的画写一段文章。 |
| | 说话练习 | 向同学介绍自己喜欢的故事(故事名,作者的名字,自己最喜欢的地方,等等)。 |
| | 写作练习 | 即将成为二年级的同学了,将要学到更多的单词,看到更多的书,如果到了二年级…… |

**【评】**

　　研读这三个单元的教材内容,我们可以发现有关课文中所包含的汉字和新词的学习、结合课文的说话练习和写话练习等,都是独立安排的。阅读课就是负责阅读理解和感悟交流。这样的安排就使得阅读教学过程目标集中,教师教学过程中操作相对也简单。避免了什么都得管、结果什么都管不过来的尴尬局面。

**【总评】**

　　读了《跳水》这个案例,我的最大感受是日本国语课教材内容安排容量很小,课堂教学教师和学生应该都比较从容,节奏很宽松,而日本国民对小学国语教学满意度却很高。相比之下,我们语文课的讲读教学,内容过多,节奏太快,教师教得累,学生也不宽松,师生几乎都没有喘息的时间,然而教学效率不高,社会对语文课程评价很低。这难道不值得我们反思吗?

# 日本阅读课中的写作练习

　　《信》是一篇童话体课文。光村图书《国语》教材将它收入一年级课本,教育图书出的《国语》教材将它收入二年级课本。日本的《国语》教材表面上看也是融阅读和写作为一体的综合型教材,每个学期使用一册,每册教材由5—8个单元组成,和中国《语文》教材差不多。但其编写方式与我国完全不同。日本将《国语》教学内容划分为"三领域一事项",即听说领域、写作领域、阅读领域和语言知识事项。国语教材不是由一篇篇课文连缀组成,而是由侧重于"听说""写作""阅读"和"语言事项"教学的一个个单元构成,三个领域在教材中都占有一定的比例。阅读单元提供课文,偏重阅读指导和训练;听说单元、写作单元就不一定有课文,只是提供"听说"和"写作"内容;语言事项单元仅安排词语或句子的知识和练习。当然每个单元往往不只进行单一领域的教学,大部分为混合单元,进行综合性的教学。据统计,日本发行量最大的光村版《国语》一年级下册教材,全册共9个单元,其中侧重于阅读的单元4个,每个阅读单元中仅编选一篇课文,也就是说全册教材中只编选了4篇阅读课文;那么另外5个单元中是怎么编写呢?其中侧重于写作的单元有3个,偏重语言学习事项的和综合性学习活动的单元各1个。可见日本低年级国语课本中阅读为主的课文数量十分有限。那么一个学期4篇课文教师是怎么教学呢?下面我们就以付宜红《日本语文教育研究》中《信》这篇课文教学为例,来认识一下日本阅读教学的特点。

**【教学目标】**

　　想象作品中描写的场景。愉快地投入阅读活动,能够与伙伴交流阅读感受。

21

## 【指导计划】

8课时。说明:《心灵的沟通》为单元名,单元阅读教材为文学教材《信》。

| 主要学习活动 | 指导上留意点 |
|---|---|
| 第一段(1课时)<br>1. 关于标题的解读、对话。<br>2. 阅读全文,发表各自感想。 | • 唤起学生有关信的经验,进行交流、回想。<br>• 以文中最有趣的地方为话题,进行阅读交流。 |
| 第二段(4课时)<br>1. 就作品的叙述顺序进行交流,排列插图顺序。<br>2. 一边观察插图,一边把握各场面的主要内容。<br>3. 就场面描写的精彩之处,进行交流。<br>4. 饱含情感,对各个场面进行朗读。 | • 教师把插图改画在画纸上,打乱顺序,让学生在黑板上重新排列。<br>• 也可从插图的说明入手进行指导。<br>• 从学生谈的感想及发言中选取要点,交流各自的想象。<br>• 确定一个对象,让对方很好地感受到作品中人物的心情和场面,进行朗读。 |
| 第三段(2课时)<br>1. 相互发表、交流对课文的阅读感想。<br>2. 就"啊、啊,那真好呀"一句话的表达效果及表现的心情展开讨论。 | • 让学生运用书信的形式,给文中两位主人公各写一封信。<br>• 紧扣文中的描写,基于当时情景,思考人物心情。 |
| 第四段(1课时)<br>寻找自己认为有趣的故事阅读,并介绍给同伴。 | • 拓展学生对童话、传说故事阅读的范围,进一步提高学生对读书的关注和兴趣。<br>• 图书介绍和各自的感想交流,可以卡片的形式在教室中展示。 |

## 【评】

日本《国语》课的阅读教材篇幅都比较长,相比我们同年级教材的篇幅要长得多。比如《信》这篇课文的字数多达 1100 余字,超过我国五年级教材课文的平均字数;二年级一篇《浩斯的白马》全文有 2000 多字;四年级教材中日本著名作家新美南吉写的《小狐狸昆儿的故事》,全文共六章,3688 字。如果仅从篇幅看,甚至超过了我国高中教材中长课文的字数。可见日本国语阅读课文选文标准与我们有明显的区别:其一,日本学界强调让学生读得精,读名家原著,所以每学期教材中入选的阅读课文仅 4—8 篇,这样每篇课文的篇幅自然可以选得长一些;而我国教材在强调读得精的同时,还强调读得多,一学期教材中的课文一般都在 25 篇左右,多的教材一学期学的课文可超过 40 篇,所以篇幅当然不宜过长。即使入选名家名作,较多的也是原著节选。其二,鉴于教学课时数的考虑,日本国语教材由于阅读课文数量少,每篇课文一般都上 6 课时甚至 8 课时以上,这样的课时与教学篇幅长的文学性课文是适应的;而我国阅读教学每篇课文教学的课时数多则 2—3 课时,少则 1 课时,因此课文篇幅不可能太长。其三,更深层次的原因,日本学界认为阅读原著有利于学生阅读能力的提高,有利于让学生尽早进入独立阅读。平心而论,我国阅读教材篇幅短小的一个重要原因是为适应教师长期来形成的以教师讲读分析为主要方式的课堂教学习惯。50 年代我国教育受苏联教育的影响,小学语文教材中一度也出现了篇幅超过 3000 字的文学作品。当时有教师专门研究长课文如何教学,说明教师对教长课文很不习惯,很不适应。后来教材中长课文逐步减少,现在小学教材中很少能够找到超过 2000 字的课文。从教学视角审视,篇幅短小的课文有利于教师教学,太长的课文会给教师讲读带来不少的困难;但是从学生阅读能力提高而言,课堂内多阅读一些篇幅长的文章,对于学生尽快适应独立阅读大有裨益。日本阅读教材之所以选择篇幅长的课文,似乎更多的是从学生阅读能力的历练和提高社会适应能力方面考虑。学生在阅读篇幅较长的原著过程中,不断经历从不理解到理解的过程,这样更有利于锻炼学生的阅读理解能力。而且强调阅读名家原著,取法乎上,似乎更有利于学生审美情趣的陶冶和语文素养的提高。

从每篇课文的教学时间看,日本阅读课教学一篇课文的时间远远超过我们。上述课例的教学时间竟有 8 个课时。而另一份四年级课文《小狐狸昆儿的故事》的教学时间竟然多达 15 课时,远远超出我们阅读教学的时间安排。这么多教学时间,日本阅读课究竟怎么上?课堂中究竟安排哪些教学内容和活动呢?我们分析一下这个课例。

第一段课文导入用 1 课时,主要用于引出课题、阅读全文和交流感想。由于课文篇幅较长,低年级学生完整读一遍课文需要用相当时间,再加上阅读感想的交流,应该说安排 1 课时是比较紧凑的。

第二段主要是阅读理解课文内容,用了 4 个课时。主要做 4 项工作:先是用排列课文插图的方法理清课文叙述顺序;然后是观察插图,把握各段文章的主要内容;第三项是交流文章中精彩的场面描写;最后一项是有感情地朗读课文。这一段的教学内容和我国阅读教学中的讲读环节非常相似,侧重于课文内容理解、精彩场面描写的欣赏和有感情的朗读。有区别的是教学时间要比我们长得多,教学节奏肯定要比我们从容得多。

和我国的阅读教学有着明显区别的是第三和第四段的教学。第三段足足用了 2 课时让学生交流阅读以后的感想,特别是让学生"以书信的形式给文中两位主人公各写一封信"这一设计,将学生谈阅读感想的方式具体化了,切实保证了每个学生的练习机会,对提高学生阅读能力和书面表达能力均十分有效。第四段用一课时专门让学生交流自己阅读过的童话、传说故事,旨在"进一步提高学生对读书的关注和兴趣"。

可以看出,日本《国语》教材尽管编选的阅读课文数量不多,但是每篇课文教学均采用课内读一篇、课外带读几篇的方法,学生实际阅读量远远超过教材中入选的课文数量。

**【总评】**

日本阅读教学和我国阅读教学最明显的差异在于重视阅读感悟的交流和依据课文设计的综合性语文学习活动。无论是低年级还是中高年级,阅读教学中学生都有两次交流阅读感悟的机会:第一次是在初读课文以后,学生第一次阅读课文,自然会产生想法,让学生有一个倾吐感想的机会;第二次是完成课文教学之后,学生在教师的指导下,精读了全文,其间和同学、老师不断交流,对课文的感悟自然会加深。在这个时候安排阅读感悟的交流,能够反映出学生阅读水平的提高,能够让学生充分认识自己的进步,并且获得成功体验。最值得注意的是,教师在设计这一次感想交流的形式上颇具匠心,是用给文章主人公写信的方式,来表达学生的阅读感想。这样既能激发起学生的写作热情,又巧妙地联系了课文题目《信》,让学生有运用写信格式的机会。另外,用写信的方式交流感想,可以将阅读和表达有机地结合在一起,对提高学生的阅读能力和表达能力都是非常有效的。

看了日本教师阅读课的教学设计,发现日本小学的阅读课上往往不是单纯的阅读活动。从阅读课的结构安排来看,阅读课文结束以后,一般还有安排课文教学延伸的内容,而延伸的内容大多是构思巧妙的综合性语文学习活动。比如上面这个课例中的写信,其实是用信的格式来写读后感,是写读后感的一种变式,很可以激发学生的兴趣。由于这些活动都占用一定的课时数,相信能够落到实处。日本阅读教学中的这些特点,对我们很有启示。

# 俄罗斯三年级俄语课

　　这是莫斯科小学教师别洛娃上的一堂俄语课,使用的是三年级的《俄语》教材中的《红气球》。这是一篇以复述为教学目标,着力训练学生书面表达能力的课文。整个教学过程分为两教时。请看课例。(吴立岗、李吉林《苏联教育家改革语文教学的理论和实验》)

## 【教学过程】

### 第　一　教　时

**一、复习上节俄语课的内容(10分钟)**

　　1. 复习所教的语法——"动词"。

　　2. 提出"挣脱""挥舞""蹦跳""眺望"等几个动词让学生解释、书写和造句,然后接触正题。

**二、通过提问理解文章内容**

　　老师(别洛娃,以下简称师):今天将学习一种新的复述方法。这就是在文章的最后用一两个议论句作为结尾。现在我先把范文《红气球》读一遍,你们要仔细地听,并想一想它由哪几部分组成。

　　接着女教师充满感情地朗读范文,并且每读完一段就稍作停顿。这篇文章共分为三大段。为了使学生不仅弄清楚故事的内容,而且弄清楚故事情节发展的因果联系,确定它的中心思想,以便在书面复述时能用议论句结尾,女教师在朗读后立即组织学生讨论。她向学生提出了下述问题:

　　1. 故事写了谁?(写了女孩子阿琳卡和男孩子杰尼斯以及红气球。)

2. 为什么两个孩子只买了一只气球?(因为他们身边只有十个戈比。)

3. 杰尼斯放跑气球是故意的,还是不小心?(杰尼斯是故意放跑气球的。因为气球想挣脱他的手向天空腾飞。)

4. 为什么行人们都收住了脚步向空中眺望气球?(因为红气球的腾飞非常漂亮,行人们都不愿放弃这次观赏的机会。)

5. 阿琳卡开始想把飞走的气球抓回来,可是后来竟对杰尼斯说"如果我还有一个硬币,我还想买一只气球让它飞走",这是为什么?(红色的气球十分美丽,而阿琳卡只有这么一个,因此它刚飞跑时阿琳卡很舍不得。可是当她看到行人们都在观赏腾飞的红气球,她就希望自己也能再一次把愉快带给大家。)

6. 这个故事对你有什么启发?阿琳卡认为什么是真正的幸福?(阿琳卡认为,能够让许许多多的人分享快乐是最大的幸福。)

问题 6 有一定难度。为了指导学生回答,教师指导他们反复朗读范文中描写红气球腾飞情景和行人们驻足观赏的句子。结果孩子们这样回答——

生:红气球无声无息地向天空飞去。越飞越高,美丽极了。

生:你们想,气球是大红的,而天空是蔚蓝色的,远远望去一定很漂亮,难怪行人都要停住脚步进行观赏。

师:的确,红气球向蓝天腾飞的景象是十分美丽的,因此行人都停下脚步抬头观赏,他们的脸上一定都流露出喜悦的神情。这就是说,气球的腾飞不仅给杰尼斯和阿琳卡,而且给许许多多陌生人带来愉快。因此阿琳卡不再为失去气球而惋惜,她开始懂得:一个人的幸福并不在于自己占有美丽的东西,而在于能为大家带来喜悦。这一点正是我们对这个故事进行议论的根据。

### 三、编拟复述提纲

1. 学生朗读课文。

2. 思考复述提纲。(学生们正确地把范文分成三大段,并且编拟了提纲,例如:①买红气球;②让气球飞向天空;③美丽的腾飞。)

3. 为文章拟一个标题。(学生们争先恐后地编拟了许多标题,如"美丽的红气球""腾飞的红气球""阿琳卡和杰尼斯把美献给人们""孩子们为人们带来了欢乐"。)

4. 要求复述时加一个议论部分作为结尾。认真思索阿琳卡最后所说的话,想象一下阿琳卡在见到人们的喜悦后产生了什么思想活动。(经过教师帮助,孩子们纷纷提出自己的议论,例如"阿琳卡懂得,必须努力把欢乐带给人们","阿琳卡决心同大家分享一切美好的东西,因为只有这样,她自己才会感到幸福"。)

## 第 二 教 时

### 一、复述指导

1. 教师板书连词和副词。

"起先……接着……""一……就……""稍稍""悄悄"等。

2. 学生讨论这些词语并进行口头造句(例如"我一松手,茶杯就掉在地上碎了","我稍稍地踢了一会儿足球","妈妈悄悄地走进房间"等)。

3. 请几位学生一边读范文《红气球》,一边根据自己的复述提纲讲述故事。

### 二、学生书面转述

明确要求:1.可以用自己的话来叙述。2.一定要描写红气球腾飞时的美丽景象,以及行人们观望时欣喜的神态。3.文章结尾要将阿琳卡最后所说的话解释清楚。

### 【总评】

俄罗斯从1947年苏联时期开始,将小学母语课程分为"俄语"和"文学"分科设置。俄语课和文学课各自承担着不同的教学任务:前者主要是学习俄语知识,培养口头及书面语言表达能力;后者主要是阅读文学作品,提高学生的鉴赏、评论能力。同时两门课还承担着对学生进行逻辑思维训练、思想政治和道德品质的教育以及审美情趣培养的任务。然而小学阶段母语课程却是非常明确地强调以俄语课为主,有一段时间小学 1—3 年级甚至将俄语课与文学课合并,改称为祖国语言文学课。小学阶段的俄语课主要是实践性的,主要是教会学生读和写,初步教给他们基本语法知识和正字法知识,而所有这些学习都服从于一个主要目的——发展语言。

深入研究俄罗斯的俄语教材,就会发现其内容是以语言知识及运用为主要线索,作文教材包含在俄语教材之中。而俄罗斯的文学教材和我们的阅读教材比较接近,主要也是文选型教材,里面主要收录国内外著名作家的作品,并且编写相当数量的练习题目。只是其课文数量和篇幅都远远超过我国的语文教材,最多的一册教材收录了近 200 篇课文,中篇小说或长篇小说(节选)直接用作课文的比比皆是。20 世纪 50 年代,受苏联的影响,我国也曾在全国的中小学实行过语文分科教学,汉语和文学课本分开编写。分科编写教材的理论依据是,语言属科学范畴,文学属艺术范畴,二者合在一起教学会导致两败俱伤。可惜由于政治运动的干扰,这场大规模的语文分科教学实验只进行了两年多便宣告终止,在理论和实践两方面都没有来得及作出必要的总结,这是非常令人遗憾的。特别是我们对苏联小学俄语教材及其课堂教学方法没有开展深入的分析研究,而是在苏联专家的误导下,将苏联"文学课"教学模式阴差阳错地作为"语文课"模式加以引进。这一误解对我国语文教学的影响是非常严重的。

需要说明的是,这是一堂俄语课的课例,不是文学课课例。其实国外母语教学十分重视口头复述和书面转述这些语言训练的形式。由美国教育家罗宾森倡导的一度盛行欧美的"SQ3R"阅读法,将读书的过程分为五个步骤:概览、发问、精读、复述(背诵)、复习。复述是阅读过程中一个必不可少的环节。罗宾森这里提出的复述,其实并不是一字不差地背课文,而是指要抓住文章要点和关键性语句,进行回忆和复述,然后再跟书中的内容相对照;还可以先记住纲目,然后再补充具体内容。罗宾森提出"SQ3R"阅读法中的复述,目的在于促进并加深对文章内容和要点的理解或记忆。其实复述更重要的功能是锻炼学生正确、连贯地说话,帮助学生内化课文中的词语和句子,因此复述是提高学生言语表达能力十分有效的手段。俄罗斯语文教师把复述作为训练学生语言表达能力的重要形式,看成是学生开篇写记叙性作文的第一步,并且专门选择一部分内容生动有趣、结构完整、语言生动规范的课文作为训练学生复述的材料。这堂课就是一个非常生动的课例。

这堂课上两个课时,除了10分钟时间的旧课复习,其他时间都集中用于学生复述。可以这么说,这两堂课就是围绕着一个目标——书面转述课文而组织的。教师教学过程可以分成三步:第一步是熟悉、理解文章内容,提了6个问题,第6个问题与本次书面转述的教学目标之一"结尾部分要适当展开议论"有关,并且是文章中心思想所在,有一定难度,所以教师在指导上花了些时间;第二步是列出复述的提纲,并且给文章另起一个题目;第三步就是第二课时,这堂课一开始教师做了简短的指导,其余时间全部用于学生的书面转述作业,应该说学生书面作业的时间是非常充分的,书面表达训练的力度是大的。

读了这个课例,我们可以很明显地感受俄罗斯俄语课上复述训练与我们阅读课上所进行的复述训练的区别。我们的有些阅读课也有复述训练,可是在教学目标中呈现的往往是"阅读加复述"的关系,而这两者关系在教学中又往往处理为"阅读为主,复述为辅",教师组织复述练习的通常做法是:有时间进行,没有时间就一晃而过。复述大多成为一种点缀,很少有教师以复述为主要目标组织一堂课教学的。而苏联教师别洛娃上的这堂课,"复述"就是整堂课的主要目标,课文阅读是为转述服务的。教学中尽管也安排时间让学生读懂课文,提出一些有关内容和中心问题组织学生展开讨论,让学生给文章分段、列出提纲,但是这些教学活动意图很明确,是为了帮助学生转述,是为课文转述做准备、打基础,是辅助性的。由于教学目标明确、集中,所以教学重点非常突出,几乎没有离开转述目标的多余教学环节。这样的训练应该说是扎实、有效的。

可能有人会认为,这堂课的教学重点是在复述上,教师在阅读上所花的时间不多,会不会因此而影响学生阅读能力的培养?我们认为不会,因为书面转述必须在理解的基础上才能进行。学生书面转述的过程,应该被看作再一次深入理解课文的过程。实践证明,口头复述或书面转述在理解方面所起的作用,往往比教师的讲解和学生的讨论更加有效。因为口述或笔述时个体必须主动思考,而在教师讲解分析或学生讨论时,大多数学生只是被动接受。主动思考对课文理解的效果当然要比被动接受强得多。

那么这样组织教学活动是否会造成语文课人文教育功能的削弱呢? 其实这是杞人忧天。这堂课中学生讨论课文中阿琳卡最后所说的话,想象阿琳卡在见到人们的喜悦后产生的思想活动,就会很自然地体验"必须努力把欢乐带给人们","阿琳卡决心同大家分享一切美好的东西,因为只有这样,她自己才会感到幸福"这些道理。只要提醒学生在转述时有意识地引用上这些话语,那么说明学生已经自觉地感受到故事中所隐含的意义了,这堂课的人文教育应该说是基本到位了。学生通过说话自然谈出这些感受,比起教师人为灌输、学生被动接受更容易入脑,更容易产生积极影响。

# 澳大利亚英语课《长袜子皮皮》

这是我从一本介绍国外小学阅读教学书(林若男等,《国外小学阅读教学》)中收集到的一个澳大利亚中高年级英语课的课例,教学的是瑞典著名儿童文学作家阿斯特丽德·林格伦写的童话《长袜子皮皮》。我国的译者是将它作为阅读课例加以介绍的,其实尽管这堂课表面上看是指导学生阅读《长袜子皮皮》这篇童话,但从教学内容看,这一课例设计理念和我们习以为常的以解读文本为主要目标的阅读教学理念有很大的差异,似乎不能简单地把它看作一堂阅读课,也不能说它是一堂口语交际课,或者是一堂习作课。其实这是一堂非常典型的英语课,课例中呈现的是听说读写各种实践活动的有机整合,体现的是学生阅读理解能力和口头、书面表达能力的全面发展。

## 【教学过程】

### 一、教学准备

1. 至少需要准备两本这样类型的书。一本要完整地读给孩子们听,另一本就分成单独的"节选材料",把章节分开。如果在一页纸上有两个章节,需要复制出一面,使每一页纸上只留下一个章节。然后把"节选材料"包上硬纸板封面,配上插图并注明有关内容。

2. 收集一些合适的装饰、道具。例如,男人的大鞋、褐色的长筒袜以及用皱纸或羊毛做成的假发。

3. 翻录下《长袜子皮皮》一书的第九章。

### 二、教学过程

1. 连续几天读这本书的前两章。

2. 在每一次阅读之后,通过讨论认识皮皮这个人物。例如,她是一个孤儿,身体虚弱等。

3. 介绍"节选材料"。每天都给孩子们读一下,特别是读给那些阅读比较困难、需要支持的学生小组。

4. 鼓励孩子们把已经阅读过的东西改编成剧本,在小组里分角色表演。

5. 介绍一些阿斯特丽德·林格伦写的另外的书——《小飞人三部曲》《大侦探小莱卡》等。鼓励孩子们去阅读,并给他们机会去讨论。

6. 根据这本书安排的综合性学习活动:

① 给一些故事配上插图。

② 收集描写人物的词或词组。

③ 给低年级的孩子阅读"节选材料"。

④ 把故事的部分内容编成剧本。

⑤ 根据故事描绘一个人物关系图。这种活动能帮助孩子们掌握一个情节和更好地理解人物之间的关系。

**【总评】**

此课例需要的教学时间原文没有注明,但是很明显,整个教学不是2—3个课时能够完成的,它的教学时间跨度应该是10课时以上,然而整个计划的文字仅十几行。阅读了一些国家的母语课程的授课计划,比如日本的、美国的、英国的、法国的,发现他们设计的教学计划几乎都比较简单。比如上面这个课例,十几个课时的教学计划只有薄薄的一页纸。像我国教师那样一两课时写上好几页的教学设计很难找到。

深入分析这份教学设计,我们会感到内中透露的教学理念是值得我们思考的。授课计划尽管写得简单,但所设计的主要是学生在课堂内的学习活动,"连续几天读这本书的前两章","鼓励孩子们把已经阅读过的东西改编成剧本,在小组里分角色表演","给低年级的孩子阅读'节选材料'",等等。也就是说教师制订教学计划时的目光始终聚焦在学生的"学"上,思考学生"学"什么,用怎样的方式来"学",其设计的出发点始终是学生的"学"。预设尽管简单,但是学生在课堂内所要开展的学习活动是具体的,教学的重点目标是清晰的,操作性和可检测性都很强。反思我们有些教师尽管备课教案很详细,但是教案中主要是写教师怎样"教",这一段教哪些知识,这个环节中教师该说什么话,该提什么问题等。以致课堂中呈现的是教师过度的指导,学生学习活动的时间往往被教师滔滔不绝的讲述所挤压,原本需要用大量时间来完成的说话、写话等言语实践活动往往变成一种点缀,蜻蜓点水,一晃而过。可见,判断教学设计的有效性的主要指标不是详细还是简略,关键是要看设计的出发点,是立足于教师的"教",还是立足于学生的"学";看课堂上学生的学习活动设计是否饱满、合理、有效和可操作。

这个课例透露的另一个教育理念就是让学生在语文实践活动中获得言语能力。现代语言学认为:儿童语言的发展是在活动中获得的,是儿童生理成熟和环境教育因素相互作用的结果,是在其与外界相互作用的活动中获得的。教师应主动积极地提供能激发和支持儿童有意义地使用语言的情境,让儿童从使用语言中学习语言,从说话中学习说话,从聆听中学习聆听,从阅读中学习阅读,从习作中学习习作。据了解,澳大利亚以及英国本土的英式母语教学大多是这样一种教学模式,就是依托课文情境,从"听、说、读、写"各层面设计出有利于学生语文能力发展的学习活动。从这个课例我们可以得到这样一个启示:语文课程的学习方式主要应该是个体参与的语文活动,具体应该包括情境性的听说活动、写作活动,当然也应该包括阅读活动,还应该包括综合性语文学习活动,而绝对不只是以阅读课文为主的课堂教学方式。因为语文能力只有在相关的实践活动中才能获得。

这个课例中学生的阅读活动所占的时间应该不少。学生的阅读活动主要可以分为两种方式:一种是阅读节选的教材,"连续几天读这本书的前两章",组织阅读后的讨论,通过讨论加深"认识皮皮这个人物",对阅读有困难的学生给予更多的支援,等等;还有一种是"介绍阿斯特丽德·林格伦写的另外的书——《小飞人三部曲》《大侦探小莱卡》等,鼓励孩子们去阅读,并给他们机会去讨论"。虽然课例写得比较简单,但是还是能够发现与我们的阅读教学的区别。一是整个阅读过程以学生的独立阅读为主,阅读后教师也会组织讨论,这种讨论是以学生发表阅读感悟为主,教师最多是以合作伙伴的身份发表自己的感想,而不可能是逐段逐节讲读分析课文;二是鼓励并要求学生进行课外阅读,提供具体的阅读书目,并且留出学生进行阅读交流的机会,这样就容易将学生的课外阅读落到实处。

需要说明的是,澳大利亚的英语课程除了英语课本,也有阅读课本,但是教师们往往喜欢自己选择教材。课例中使用的童话教材估计是教师自选的。

# 日本三年级　生活作文

　　日本中小学写作教学强调写作内容与学生生活的结合,让学生进行生活观察、社会考察、调查、访谈以后写作文,很少让学生写回忆性的记叙文,因而有"生活作文"的概念。所谓"生活作文"就是以生活世界为对象的写作(文章表达活动),在培养语言能力的同时,通过以作文内容为中心的讨论,使学生形成主体性的人格。生活作文理论从它诞生之日起就将学生的语言培养和人格塑造结合为一体,作为其最终的目标。之后,这种理论又扩展到社会科等其他学科,成为学科教学和生活指导的重要方法之一。下面就是一个比较典型的生活作文指导案例(方明生《日本生活作文教育研究》),记录了日本小学以观察昆虫为主题的写作过程。

## 【教学案例】

　　我们周围有很多虫,仔细观察这些虫可以发现十分奇怪有趣的事。

　　找一种我们周围的虫,用放大镜、尺等工具进行调查、研究,然后把观察的事写成文章。

### 做记录

做观察记录时要注意以下的事项:

观察的日期、星期、天气、气温。

虫的身体特征(形状、颜色、大小、构造等)。

虫的行动方式:叫声、叫的方法、食物等。

你认为有趣的事、奇怪的事。

### 查阅资料

如有疑问,自己查一下有关的辞典、百科全书之类的书。

### 写文章

根据记录,写小结文章,注意不要遗漏了重要的事。

把图、表等放到文章里面去,要写得别人容易懂。

把书中写到的和观察到的与自己所想到的作比较。

在写的每项内容前要加小标题。

**例文**

1. 山田君的笔记

---
### 西 瓜 虫

9 月 18 日(周四)　晴　23℃

- 抓到的地方——院子的石头底下。
- 一抓到,马上就会变成圆滚滚的。
- 身体的颜色——灰黑的。
- 感觉——有点像塑料。
- 脚——一节左右各一只,全部 14 只脚。
- 从书中查阅到:
  分类名称是甲壳类等足目。
  不是昆虫,和蟹是一类的。

---

2. 山田君的作文

---
### 西瓜虫观察记
山田友一

调查日期:9 月 18 日(周四)　23℃

**抓到的场所**

院子的石头下。潮湿的地方。

**身体的特征**

身体是一节节的,用手指稍一碰,就缩成像西瓜般的。我想,就是因为这个原因而叫它西瓜虫的吧。

查了生物图册后知道,分类名称是甲壳类等足目,和蟹是一类的。

身体的颜色是灰黑的,有光泽,有点像塑料。

身体长 1.2 cm。

用放大镜观察,脚在较大的节上左右各一只,全部 14 只。

**西瓜虫的活动方式**

爬起来还特别快。放进盒子里后,马上爬到角上,然后就沿着边上转着圈爬。过一会就停在角上,一动不动。

我想它是要藏起来吧,就在盒子里放了一块石头,于是它就沿着石头转了一圈后,钻到石头底下去了。

书上写着,西瓜虫喜欢阴暗潮湿的地方,还真是这样的。

---

## 【总评】

生活作文是针对文学作文提出的。日本学者认为文学作文的特点就是"想出来写"。想出来写的作文往往是由老师给出一个题目，学生则冥思苦想、搜肠刮肚，这样想出来的作文题材往往是学生片断情绪、身边琐事、教室庭院、花鸟风月等。学生的写作以感觉为主，随情绪引导。个别性情比较敏感、细腻，平时对周遭比较留意的学生，则有可能写出一些"触景生情""感物伤人"或者是"无病呻吟"的美文来；但是一些性情粗犷、做事大大咧咧的学生，作文往往就遭遇无米之炊的尴尬。小学生年幼单纯，多愁善感的早熟儿毕竟只有少数，因此，大多数学生作文枯燥乏味、言之无物，甚至胡乱编造凑数，这是文学作文"想出来写"的特点决定的。

生活作文则针锋相对地提倡"调查之后写"的作文理念。首先，要扩展作文的题材，将观察视野从自己的身边移向周围的社会——乡村、社区、社区的人及其活动；其次，确定题材后，在写作之前应当走出去调查研究，寻找材料，证实事实。再次，通过写作让学生学会根据事实思考，在调查过程中进行社会的、科学的、经济的思索。生活作文规定的各种写作文体，决定了教师必定采用的教学策略，这样就从根本上解决学生写作内容的问题。按照这样的思路写作文，学生写出的文章质量有高有低，但是绝对不会产生"无米下锅"的现象，避免了学生作文无内容可写的尴尬。其次，生活作文将语文学习导向社会生活的体验，引导学生接触社会，通过亲身调查，观察、认识、思考各种社会现象，这样能够加速学生的社会化进程。

日本生活作文各年段的具体内容：低年段主要是"记录从老师和身边的人获得的信息"，诸如与老师的对话、同学之间的交往、父母那里听到的故事，等等，类似生活现场的纪实，不一定是有头有尾完整的事件；中年段要求就自己有疑问的事进行调查，整理调查结果；高年段则要求写专题性的调查报告。只是要写好这类文章，学生只有深入生活，体验生活，接触社会，观察社会，才能获得写作内容。

这个课例要求写一篇观察小虫子的调查报告，写作对象符合小学生的心理特点,相信学生一定有兴趣,完成这次观察作文的积极性一定很高。学生通过先观察再写作文,不仅能够提高学生作文能力,而且能在接触社会、观察自然的过程中,提高观察能力和热爱生活的思想情感,促进学生的社会化。这一课例展示的是日本生活作文的指导过程。写作内容来自学生周边生活,引导学生观察生活,观察社会,观察大自然。

课例对学生的观察内容做了比较明确而又具体的指导,具体列出了观察记录时要注意的事项,要从"虫的身体特征(形状、颜色、大小、构造等)""虫的行动方式:叫声、叫的方法、食物等""你认为有趣的事、奇怪的事"等几个方面进行观察记录。这些提示为学生作文提供了方向,让学生观察时不至于漫无边际,而是能做到心中有底,其实这也是一种有策略的指点。特别是课例还安排了学生从辞典和百科全书之类的书籍中查找有关的资料,这不仅能进一步丰富学生的作文内容,而且意在让学生从小体验成人探究性工作的完整过程。这些工作步骤对培养学生的研究能力和创造能力是非常有益的。课例对这次写作的要求也做了比较具体的指示,比如要"把图、表等放到文章里面去,要写得别人容易懂,""在写的每项内容前要加小标题",等等。话语不多,但指向明确,特别是后面附上了一个学生的观察记录和整理的观察作文,为学生的作文提供了具体的范例,大大降低了作文的难度。

细心的读者一定会发现,这不是教师在课堂内作文指导的课例,更不是课堂教学实录,而是日本三年级教材中一个习作单元的内容。因为材料的稀缺,我们只能通过日本作文教材来解读日本小学作文教学的状况。读了这个案例,我们对作文教材如何编写一定会有深切的体会,就是要有利于"学生学习",要尽量为学生顺利完成作文提供方便。如果仅仅提供一个作文题目、几条抽象的要求,或者是几篇仿作例文,是不利于学生写作的。

其实从写作内容看,日本小学似乎与我们差异不大。我们的习作也不缺少写小昆虫的内容。我们教师也经常教导学生生活是作文的源泉,鼓励学生观察生活,写身边发生的事情。可是不少学生到了作文课上看到作文命题,往往无从下手。日本生活作文和我国小学常态化的回忆性记叙文的主要区别究竟在哪里？首先，回忆性记叙文每次写什么一般要到作文课上才知道，学生事先没有材料准备，临到写作时才即时回忆，即时观察，因此不少学生看到命题往往无从下手。其次，我们每次作文教学的课时数一般只有 2 课时，从课时上没有留出学生收集作文材料的时间，没有将收集材料纳入教学过程之中，教师一般只是提倡或鼓励，因此难以保证每个学生材料准备到位。

日本"生活作文"的写作理念给我们的启示是，不写回忆性的记叙文，而写观察作文，写调查报告，这样教师必定要求学生事先进行观察、进行调查，为写作文准备好充分的材料。作文课上的主要任务是表达成文，故日语中作文叫"缀文"，重在语言组织。

日本中小学写生活作文，其主要目的并非完全着眼于提高学生的作文能力。日本学者认为：在生活作文中，提高学生的语言表达能力并非其唯一的目的，其重要目的在于引导学生关注周围的生活世界，为学生提供自由发表意见的机会，在培养学生语言表达能力的同时，通过以作品的内容为中心的讨论，使学生形成主体性的人格。简言之，这样的作文方式把培养作文能力与人格塑造有机地结合起来了。把作文能力培养与提高学生的人文素养结合起来，这样的写作教学观念是非常先进的。

# 美国作文指导课　写个人自叙

　　美国小学英语教育大多采用阅读与作文分科教学形态,英语课不是以阅读为重点,而是读写均衡,用于阅读教学和作文教学的时间各占 50%。据了解,美国不少小学教师阅读课甚至不用统一的教材,阅读课就是让学生带书来阅读,或者到图书馆阅览室读书。我们收集到的美国霍顿·米夫林公司和麦克劳希尔公司出版的两套《语言艺术》教材,都是用于小学生学习作文和英语语法知识的。麦克劳希尔《语言艺术》教材每册 12 个单元,其中 6 个是写作单元,另有 6 个语言知识单元。霍顿·米夫林英语教材每册 6 个单元,每个单元包含指导作文和教学语言知识两部分内容,篇幅各占 50%。

　　美国小学英语教育用于作文的时间比我们要多了许多,但是作文数量却与我们大致持平。根据上述两套教材统计,每单元作文 2 篇,每个学年作文约 12 篇。(当然在语言知识单元或阅读课上还有数量不菲的小作文。)这样学生完成一篇作文前后延续的时间会很长,与我们两节课写一篇作文的指导完全不是一个概念。麦克劳希尔公司《语言艺术》教材中每次作文指导都安排有"读范文、预写、收集资料、草稿、修改、发表"等六个步骤。下面我们引录五年级第一单元写个人自叙的内容,感受美国小学的作文教材的编写特点,了解小学生完成一篇作文的完整过程。


【教学过程】

一、范文阅读

　　阅读下面作者的个人自述。

　　(范文略)

　　思考:作者想和我们分享什么故事? 想想作者是怎样用语言来叙述事情发

展的过程。他们对于自身经历又有怎样的感受呢？

结合范文，讨论并认识一篇好的自述的要求：

1. 诉说自己亲身经历的故事；

2. 用第一人称表达作者的感受和思想；

3. 有一个有趣的开头、经过和结尾；

4. 句子要连贯、通顺；

5. 用表示时间的词语来表达想法，使文章通顺连贯。

## 二、预写

怎样在自述中让别人分享你的经历？

1. 考虑你的目的和读者；

2. 在你的大脑中列出记忆中的经历；

3. 选择一个主题并且整理你的想法；

4. 用一张思路图表写下你的想法。

## 三、收集资料和研究

你需要为自述收集更多的资料。从在列表中提出一些问题开始。然后考虑你要用哪些资料来回答你的问题。

| 我还需要知道些什么？ | 我可以在哪找到信息资料？ |
| --- | --- |
| What's the name of the lake?<br>Who rowed alongside me in the boat?<br>How long did I train? | 发邮件给我的教练了解情况。<br>看那天的野营录像。<br>读那年夏天我写的日记。 |

纪念品、照片、旅游和家庭录像都是有用的信息资料。在这些资料中寻找你所需要的细节可以帮助你回忆事情。

做一个采访：采访的目的是为获得信息。采访可以是面对面的，也可以通过书信、电话或者是邮件。

整理资料:本文作者从他采访的邮件中找到了一些重要的资料。他也在日记中、她姐姐拍摄的录像中收集资料。看看他是怎么修改自己的写作思路图表的。

## 四、草稿

要求:复习你自己的图表;按顺序写出故事的经过;在你的主要思想中添上细节;写出你的故事和真实的感受。

对草稿的自我评价:

- 自述适合你的写作目的和你的读者吗?
- 你用了表示时间的词语来叙述事情的发展吗?
- 在你的写作中包含了你的思想和感受吗?
- 你用了描写性的词语使你的读者产生联想吗?
- 你的主要观点清晰吗?
- 你的细节描写会让读者有身临其境的感受吗?

## 五、修改

1. 改进:可以在文章中添加漏写的主要思想和细节,还可以再加强你的情感叙述。

2. 选择合适的词语:选择词语将会帮助你有序地叙述事情,也会让你的读者"看到"你的故事。

3. 句子的修改:检查句子是否通顺,上下连贯。大声读出句子。运用各种类型的句子,比如疑问句、感叹句等。你可以用感叹号来表达情感。

4. 同伴间交流阅读,互相检查。同伴也许会给你一些新的建议或者意见,从中可以改进你的自述。

5. 校对:多读几遍草稿。每读一遍,找出一个错误。再看看你的语法使用,明确句首用大写字母,句末用正确的标点。从最后一个词读,读到第一个词来检查拼写,你将会专心于拼写而不是故事内容。

## 六、发表

发表一篇好的自述需要详细的规划。

第一步  怎样讲述你的故事

• 朗读策略：当你发表你的自述时，记住你的目的是娱乐你的读者。要使他们有身临其境的感受。

• 为发表你的自述想个好方法，集中在强调主要思想。

• 列一个提纲或使用便条帮助你回忆你的故事。

• 大声朗读，让站在你后面的人能听到你的声音。

第二步  怎样展现你的故事

• 建议：通过添加视觉材料来使你的故事表达更清晰有趣。使读者就像在"观看"文章一样有乐趣。

• 照片和图画可以帮助读者理解你的故事。

• 海报和拼图可以表达你的主要想法和细节。

• 图表或地图可以帮助读者"看"到你的故事在哪儿发生。

第三步  怎样和别人分享你的故事

• 演讲建议：你练习得越多，表达时就越顺畅。

• 想象你在一个听众前讲述你的故事。

• 听取同伴的意见。

• 尝试用不同的方法来发表你的故事。用最有效的方法来演讲。


【总评】

由于美国教师指导学生写一篇作文前后延续时间有几周甚至一个多月，因此教材中对每个环节学生应该完成哪些任务、达到什么要求，都有非常具体的指示。我们提供这个案例再来深入研究美国小学作文指导的几个环节。

一、从范文阅读入手指导学生作文，似乎是美国小学作文指导经常使用的方法。每次作文之前都会提供一篇或是几篇范文。这些范文有作家写的，也有学生习作；通常篇幅不长，有些甚至只是文章片段，不是全文。我们要注意的是范文下面编写"看看作家怎样写"的思考和讨论题目,通过范文的阅读、思考和讨论,让学生具体了解一篇好的自述的5点要求:1.诉说自己亲身经历的故事;2.用第一人称表达作者的感受和思想;3.有一个有趣的开头、经过和结尾;4.句子要连贯、通顺;5.用表示时间的词语来表达想法,使文章通顺连贯。这些写作要求在教材的范文中体现得十分清晰。给学生作文范例,其实是很有针对性也是十分有效的作文指导形式。我国有些学者担心教材中给出范文会框住学生的写作思路,这样的担心当然不能说没有一点道理。但是任何事物都是利弊共存的,权衡之下,我们认为范文对学生写作的有利方面应该是远远超过不利方面的。其实成人写作事先也会寻找范例,要写计划先看看别人写好的计划,写调查报告也会参考别人的报告是怎么写的,更何况是小学生?

二、这个课例是写一篇自叙,要求写自己亲身经历的故事,是写回忆性的记叙文。从写作内容看跟我们写一件事情的命题作文差不多,写这类作文学生最大的纠结是到底写什么事情。很多学生遇到的障碍是找不到合适的材料,巧妇难为无米之炊。美国教师怎么帮助学生解决材料问题的呢?他们的做法不是即时回忆当场写作,而是给学生一个时间段,先在大脑中列出记忆中的经历,再去选择整理自己的想法,有了意向以后再去收集资料。教材里十分周到地提示学生可以从哪些地方、通过什么方法途径寻找更多的资料,等等。从纪念品、照片、旅游和家庭录像等有用的信息资料中寻找所需要的细节,还可以通过访谈通信等途径帮助回忆事情的细节。将收集材料设计成一个时间段的学习内容,不仅能有效化解学生作文材料的困难,帮助学生获得更加丰富的作文材料,更重要的是对学生进行收集、整理资料的训练,可以让学生树立这样一种意识,就是无论写什么文章,都要充分占有资料。这对学生今后从事研究工作是很有帮助的。

三、在例文阅读环节提出了写好这篇自述文的几点要求,在第四部分草稿写作时又重申了几点写作要求:"复习你自己的图表;按顺序写出故事的经过;在你的主要思想中添上细节;写出你的故事和真实的感受。"我最欣赏的是草稿之后的自我评价,要求学生对照自己写出的初稿进行检查,这六点评价要求与开始提出的本次作文要求完全对应。在学生完成草稿以后,让学生对照提示逐条进行认真检查,可以使学生比较容易地发现自己草稿中存在的问题。其实我们许多语文教师也要求学生完成草稿以后自己作检查,可是很少有教师给出具体的评价提示,因此不少学生检查草稿时往往无从着手。可见有提示的评价与没有提示的评价,对多数学生而言其效果可能完全不一样。给学生明确的评价提示是非常聪明的办法,值得借鉴。

四、指导学生修改习作,是习作教学过程中的一个重要环节。通过反复修改,学生会逐渐明了文章该怎么写,不该怎么写,积累写作经验,领悟文章"入妙"之法。我们知道好作文是改出来的,即使成人写好文章初稿以后,也需要反复修改几次才能令自己满意,何况是初学作文的小学生?麦克劳希尔《语言艺术》教材,从一年级开始,每次作文都将修改文章作为不可或缺的环节,给出非常详细而又明确的修改方式、修改步骤及每一步骤的修改要求。这篇习作的修改提示,从修改文章的思想、细节,情感的增加,到词语选择、句子运用,一直到语法、标点正确运用等各个方面,都提出了明确而又具体的指示。这完全是针对小学生作文中存在的普遍性问题提出的。词语怎样修改,句子修改什么,校对时再检查语法、标点和单词拼写,指令清晰,针对性和操作性都很强,充分体现出以学生为主体的思想。其中最有意思的是伙伴间的合作修改。学生完成草稿以后已经进行了自我评价,然后再让学生以作者的身份和读者的身份参与作文修改,从不同的角度来审视自己的和伙伴的作文,通过换位思考,发现别人作文的长处和不足。这样进行作文修改,能有效地培养学生严肃认真的写作态度和对读者负责的精神,也能够最大程度上提高学生作文的质量。

五、美国小学生作文不是为完成教师布置的作业,而是强调为参与社会交际,为了和别人分享自己的快乐或者经验,其阅读对象是读者。因此第二环节预写前就要求学生考虑好"怎样在自述中让别人分享你的经历?",考虑自己写这篇文章的目的和读者对象。无论是低年级还是高年级,无论是写一个故事或是写一篇报告,都要设身处地地考虑读者,要获得读者的认同。

为了使学生作文具有实际的社会价值,美国小学作文还特意设计了发表这个环节,根据不同的文章安排不同的发表形式。比如一个故事,就让学生演讲或者变成剧本进行表演;前一个课例是写一封感谢信,就让学生把信寄给对方。这个课例是自述亲身经历的事情,这篇作文如何发表呢? 课例要求学生事先做好详细的规划,然后就发表的三种形式——"朗读""添加视觉材料""演讲"分别进行指导,每种发表方式都有十分具体的操作提示。应该注意到,作文过程中安排发表这个环节,其作用是多方面的。发表可以让学生体验成功,感受写作的快乐,从而提高写作的积极性;为了追求最佳的发表效果,学生会用各种手段包装自己的成果,并且加紧进行演讲练习。这样对提高学生的创造能力、动手能力和口头表达能力能起到综合性的作用。

美国小学生完成这篇作文的写作,需要延续几个星期甚至一个月多,因此每一环节都有非常充分的时间保证,可以做得很到位。尽管这样的作文指导设计非常有效,但是我们不可能照搬,因为我们的国情不同,语文课程中留给作文教学的时间非常有限,没有可能这样去指导学生写作文。然而聪明的教师读了这些案例,应该可以从中吸取到许多有益的经验。

# 美国五年级作文指导课　写一个故事

英语课(也称语言艺术课)是美国基础教育的主干课程,其主要任务是学习语文知识和听说、写作包括阅读等语文技能。在美国小学课程设置中,和英语课相关的科目还有阅读、词汇学习、拼写、朗读等。需要注意的是阅读课,美国小学阅读课的教学任务比较单一,主要是通过各种类型的作品阅读培养学生的阅读能力。中国小学语文课是以阅读为重点,阅读课综合承担着听说读写各项任务;美国小学阅读课在课程中的地位与词汇拼写、朗读等课并列,而英语课则承担听说读写以及语言知识教学等综合教学任务。

下面我们引录美国纽约麦克劳希尔出版的《语言艺术》五年级教材第六单元作文内容,主要研究美国教师是如何指导小学生写作文的。美国小学作文指导中还有一种我们不很熟悉的方式,就是围绕作文写作设计的综合性作文指导活动。这种作文指导往往不是简单地用两节课写一篇作文,而是围绕作文组织学生进行社会观察、收集材料、起草修改、发表展示等一系列活动。

## 【教学过程】

### 写 一 个 故 事

你是否曾经自己创作过故事？如果是,你的故事一定有背景、人物和情节。一个故事就相当于一篇小说,是作者自己设计的情节,写故事的主要目的就是娱乐读者。

## 一、读范文

读例文,你认为课文中的故事写得如何？阅读时注意有悬念的和令人兴奋的情节。

1. 读范文（例文略）

2. 认识故事的特点。故事就是叙述作者自己创作的故事，一个好的故事应该有以下特点：

＊有一个有趣的开头，有经过和结尾。

＊描述环境、故事发生的地点和时间。

＊有人物的行为动作。

＊一个有悬念的情节，最后如何解决。

＊总是有些人物对白。

## 二、预写

1. 明确写作目的和读者。写故事的目的是用你的想象来娱乐读者和听众。在写作前，考虑好你的读者群是谁，谁会欣赏你的文章，什么样的故事会吸引他们。

2. 选择一个主题。在你大脑中设想一个可行的主题。你也许会想到某些你熟悉的人的经历，或者就是你想象的。然后选择一个你认为读者会感兴趣的主题。

3. 组织故事的情节。选好主题后，要列出情节提纲。你的故事中包括一个悬疑和解决的方法，同样也要列出环境和任务，然后组织你的思路，可以用图表帮助你整理思路。

## 三、收集材料

为了写好你的故事，需要收集更多的资料。比如，你需要在故事中描述化学物质和野花，你需要收集怎样的资料？

1. 列出问题清单，然后考虑你可从哪里找到相关的资料。

2. 访问图书馆和多媒体中心。图书馆和多媒体中心可以提供大量的资料，比如图片、录像、影片资料。网络也可以帮助你查找资料。

3. 使用图书目录卡片。在图书馆时，你可以用目录卡片来找你需要的书籍，帮助你收集资料。这些卡片可以在网上和管理员那里找到。

4. 整理使用收集的资料。将你收集到的新资料添加到你的图表中。

## 四、草稿

创作故事前，回顾你的故事图表。明确开头、中间和结尾。把每个部分分段落写。同样也包括人物的对话。你需要把每个新的人物的对话独立分段写。

## 五、修改

提高习作质量的方法之一是修改。当你修改文章时，可以添加重要的思想和细节，帮助你写的故事更清晰和有趣。当你修改故事时，可以添加有趣的描述性的对话。

1. 修改文章清单。

＊添加细节。让读者"看"到故事的环境、人物和事件。

＊词语选择。选择正确的词语是很重要的。生动的动词和形容词，可以描写出有趣的故事，并且使文章"活"起来。

＊更好的段落。在换一个人物说话时要另起一个段落。在没有对话的段落中，一段文章所表达的内容是一致的。在每次另起一个段落时，你就是给读者发出信号，这个段落要表达的是另一个意思。

2. 同伴阅读。

换个视角来阅读你的文章。和你的同伴交换草稿。同伴也许会给你新的建议，你从未想到过的建议。

＊大声朗读草稿给你的同伴听。听听你朗读时句子的节奏以及是否流畅。

＊参考你的同伴给你的意见来修改你的作文。

＊用生动的词语来代替平淡的词语。

＊为文章添加一个使读者感兴趣的题目。

3. 校对。

当你修改好文章以后,还要校对你的文章,发现并修改文章在语法、拼写、标点使用等方面出现的错误。

校对清单:

＊你拼写正确吗?

＊你用引语来开始和结束你的故事吗?

＊直接引语的首字母是否大写,结尾的标点是否正确?

＊你分段落了吗?

## 六、发表

为了让你的故事更好地发表,你需要先有个计划。下面的步骤可以帮助你更好地完成你故事的发表。

1. 以剧本的形式来写你的故事。

2. 为主人公写对白。

3. 为演员写舞台指导。

4. 设计一个舞台背景并准备好戏装和道具。

5. 排练你的故事直到所有演员熟悉流程。

## 【总评】

麦克劳希尔《语言艺术》五年级课本编了六个写作单元(另有六个语言知识单元),每单元的作文都安排有"读范文、预写、收集资料、草稿、修改、发表"等六个步骤,每个步骤都有详细的指导意见和明确的练习要求,每一步任务完成以后还有一个自我评价的清单和提示各种作业的小贴士。这一单元中有自我评价、作业提示等各类表格 10 多张,所占用的篇幅有 20 多页。美国中小学一学年有三学期(每学期约 15 周),全册教材分三学期教完,也就是说每学期教写作和语言知识各两个单元,如果平均计算的话,每单元的教学时间实足有 3.5 周,其延续时间可能会是半个学期,这和我们 2 节课写成一篇完全是两个概念。

除了课时上的差别,美国学生写一篇作文经历的过程和我们习惯了的作文指导过程有着相当大的差异。我们一起来分析其中的几个环节。

预写,其实就是作文构思过程,首先要求学生明确写作目的和阅读对象,就是要胸中有读者,要换位思考读者的喜好。这样就使学生从社会交际这一层面来理解写作目的,其写作态度也由被动转为主动,不是为老师而作,而是为参与交际而作;并且还要从读者的角度去确定文章的主题和组织思路。

明确了写作主题,接下来是收集材料,这一步是解决学生作文材料问题的关键。美国学生的作文材料一般不要求绞尽脑汁、冥思苦想当场回忆出来,而是留给学生充足的时间到图书馆查阅或上网检索,可以到社会上进行观察或向有关人士进行访谈调查,完全是开放式的,这和成人写文章收集资料的方式方法基本一致。这样的环节安排非常合理。一是可以很大程度上化解小学生作文时在习作材料方面遇到的障碍,可以避免学生因无话可写造成对作文的恐惧心理;二是让学生从小运用这种方式去收集、整理、加工资料,久而久之,学生就会形成习惯,而这种习惯对于今后的研究性学习或工作是至关重要的。在作文材料上给学生充分的准备时间,不仅可以让学生从容面对写作,而且可以提高收集资料的能力,在写作时也可以更多关注语言表达。其实小学作文教学的主要目标是提高学生书面表达能力,如果过多地将精力放在作文材料问题上,对提高学生书面表达能力并无大的效果。

作文修改这一步的安排很应该引起我们的重视。步骤安排十分具体,先是对照清单自我修改,然后是同伴互改,换个视角审视作文,最后还要根据清单校对自己的作文。每一个步骤都给出了非常具体、明确的修改提示,比如第一步"对照清单自我修改"的提示。提示思路清晰,操作性强,学生可以一步步对照着修改文章。其实我们的作文课也强调学生自己修改作文,也许是由于缺少明确的修改步骤和可供操作的修改提示,许多学生修改自己的作文时感到无从着手,不知道如何改法,以至于修改环节没能落实到位。这和我们对如何指导学生修改作文缺少研究有关,当然其间还有时间安排上的原因。

美国综合性的作文指导活动都安排"发表"这一环节。不同的作文有不同的发表形式。比如写一篇自述文,可以采用演讲的方法来发表;这一单元是写故事,所以可以用表演的形式来发表。由于篇幅关系,我们没有全文引用"发表"环节的内容。教材中"发表"部分分三步:第一步"把你的故事改编成舞台剧",给班级同学分配角色;第二步用绘画为故事创造一个背景,并且准备戏装和道具,使表演更加生动有趣;第三步是操练排演的技能,练得越多,表演的时候就会越自信,还可以邀请同学、朋友或家人老师来观看表演并提出意见。这样的发表活动,不仅可以锻炼学生的演讲能力、表达能力,而且能够让学生体验成功,从而激发起学生的写作兴趣和积极性,更加投入地写好每一篇作文。

以上介绍的美国小学作文指导的六个环节,我们不可能简单地照抄照搬,因为我们一次习作的教学时间撑足也不会超过四个课时。但是美国同行作文教学的一些理念和方法是值得我们借鉴的。

# 苏联看图作文指导课

20世纪中下叶我国学者翻译的介绍苏联语文教学理论的资料颇丰,但是有关课堂教学设计、教学实录一类的资料却很少。这是从书稿(吴立岗、李吉林《苏联教育家改革语文教学的理论和实验》)中难得发现的一篇看图作文教学的课堂实录,可惜也不完整,只有片段,没有能够反映这堂作文课教学的全过程。我们只能窥斑见豹体会苏联作文教学概貌。

## 【教学案例】

### 看图作文《在病床边》的教学实录

图画选自俄国画家布拉克的油画《在病床边》。

画面内容:两个女孩子,一个卧病在床,另一个坐在一旁陪伴她。

师:孩子们,现在要求你们根据这幅画虚构一个故事。画面上的内容就不分析了,因为你们一看就懂。你们想一想:画面所描绘的情节可以作为故事的什么部分?是当作"开端",当作"高潮",还是当作"结局"?

几乎全班学生都赞成把这幅画的内容当作故事的结局,但个别学生有异议。

生:可以当作"高潮",例如那位坐着的姑娘偶然来到好朋友家里,发现由于自己的过错而使她卧病在床,内心感到十分沉重。

生:可以作为开头,例如作为一种新的友谊的开始。

接着,师生之间展开了有趣的讨论。

师:如果你们把画面上的内容作为故事的"结局",那么故事的"开端"是什么?

生:我这样想象:有一回这个姑娘,就叫她"米拉"吧!米拉去上学,突然听到河边传来一阵阵呼救声……她赶紧奔到河边,只见一个小男孩在河里挣扎。

生:不,我不是这样想的。我认为这件事发生在冬天,有一次米拉和一位同学放学回家,突然被几只狼盯上了……

生:我这样想:米拉走过集体农庄的牛栏,突然看见浓烟滚滚……

师:那么米拉是怎么会躺在床上的呢?你们说说看。

生:她在抢救国家财产的过程中,从烈火熊熊的三层楼上跳了下来,腿骨折断了。

生:她因为抢救溺水的小男孩在冰水中泡了很长时间,所以得了重感冒。

生:她在着火的民房中摸到一个孩子,把他抱到门外,再冲进去搬东西时,房顶倒塌了,一根木梁砸在她的腿上。

师:你们都想得很好。那么画面上那个前来敲门的女孩子(我们就叫她"古莉雅"),跟故事有什么关系?

生:我想古莉雅是米拉从火灾中抢救出来的姑娘。

生:我的想法不同。她俩是一对好朋友,一起从起火的猪圈中抢救集体农庄的猪,不过古莉雅所受的伤比较轻,因此很快就恢复了健康。

生:也许古莉雅仅仅是米拉的一个好朋友,每天都来探病,给她讲一点学校中的新闻,使她病中不感到寂寞。

师:这些设想都有可能。你们完全可以按照想象的东西去写,但是一定要符合生活的真实,使读者深信不疑。


**【总评】**

纵观世界各国中小学生作文训练的文体,表现出两种不同的取向:偏重文学写作的取向和偏重实用文写作的取向。

所谓的实用文体,是以生活应用为目的而写的文章,包括在生活中有一定功能的应用文,如信、日记、请假条、会议通知、请柬,以及计划、总结、倡议书等;还包括有实际的社会效用的文章,如记人写事的通讯报道、某一样产品的制作方法或介绍说明,等等。学生写这类文章目的是为参与社会交际,"学以致用",为交际而写作文。其主要目标就是提高学生社会适应性,增强其生存能力和竞争力。这是以写作目的为标准的一种文章划分。重视实用文写作是美国作文教学的一大特征。美国中小学作文教学中,实用文的指导学习占了很大的比重。

俄罗斯中小学则一直保持着崇尚文学的传统。不管是苏联还是现在的俄罗斯,其母语课程始终保留着文学课的设置。小学作文教学虽然没有文学创作的要求,但是作文训练起始就把与文学创作能力密切相关的观察力、想象力的培养放在重要位置。苏霍姆林斯基反对小学生作文一开始写记忆性的命题作文,而是主张写观察作文,进行"实物写生"。他认为,观察作文能够使学生产生"鲜明的思想""活生生的语言"和"创造精神"。而这三者,正是科学的语文教学的"三根支柱"。他还认为学生观察实物易于形成鲜明的表象,产生写作的激情,也有助于独立地思考事物之间千丝万缕的相互联系。并且在观察中,每个学生总是用自己的眼光来看待事物之间的成百上千种联系,所以各人的思想不会雷同,语言表达必定"带有深刻的个性""具有自己的独创性"。苏霍姆林斯基规定儿童在小学阶段要进行 300 次观察。在他的实验学校,他根据学生观察的实况汇编成长达 300 页的名为《大自然的书》的观察教材。他曾经在自己的著作中公开推荐他所领导的巴甫雷什中学 1 至 10 年级的 233 个作文题。在这些作文题中,数量最多的是"写生"性质的观察作文题,共有 116 个,占总数的 50%。

这堂看图作文指导课比较充分地反映出苏联小学作文偏重文学创作的思想。课堂里教师出示一幅油画,指导学生根据图意展开想象,虚构具体故事情节。教师的指导大致分两步展开。先是看图确定画面内容在故事中的地位,是开端、经过还是结尾,学生会有不同的理解:大部分学生认为是故事结尾,也有学生认为是故事高潮或是开头。学生各种不同的理解都是正确的。第二步是将画面内容作为故事结尾或开头,让学生通过想象把故事的开头和经过编写完整。讨论中学生思维活跃,想象丰富,编出来的故事情节精彩纷呈,琳琅满目,引人入胜。这样的作文指导对培养学生思维的独立性、灵活性和创造性是非常有益的。

想象性的看图作文与观察生活为主的回忆性作文不同,前者需要学生根据生活经验展开丰富的想象,根据图意虚构故事,编写内容,最后创作出一个故事。学生的想象不是胡思乱想,正如老师最后提醒学生想象"一定要符合生活的真实,使读者深信不疑"。回忆性的记叙文属于写实作文的范畴,要求学生写生活中真实的人或事情。儿童的生活经验比较缺乏,社会接触面相对狭窄,加上有些学者教师将学生作文不写真人真事与说谎联系在一起,上纲上线成思想品德问题,因此更加剧了学生作文材料的困难。其实小学生作文材料的困难,其根源可能就是我们写回忆性的记叙文,而且是当堂回忆,事先没有收集材料的时间和空间。这本书中列举的外国同行指导学生写观察作文、读书笔记、阅读文本的书面转述,以及这个课例中根据图画编写故事,这些作文形式都不会让学生感到写作材料的困难。可见国外同行都有意或无意回避写回忆性记叙文。即使是书中列举的美国课例写学生自叙,因为事先给出提示让学生去收集材料,所以学生写作时材料困难会大大降低。在写作材料方面不设置障碍或降低难度,就能将学生注意力集中在书面语言表达方面,这样对提高学生书面表达能力是非常有效的。

# 英国小学写作课  虚构与写实

英国中小学英语教科书有综合型教科书和分编型教科书两类。所谓综合型教科书,就是把听、说、读、写训练及语言知识教学内容合编在一起的教科书,中国的语文教材就属于这一类。所谓分编型教科书,就是把语言教材和阅读教材分开编写。比如英国尼尔森公司出版的英语教材是一套非常典型的写作和阅读分编型教材,全套教材分为《聚焦写作》和《聚焦阅读》,一共 18 册。其中《聚焦阅读》6 册,每个年级有 1 册,系统地传授阅读技能和策略。《聚焦写作》又分为《写实作文技能发展》和《虚构作文技能发展》两个系列共 12 册,也就是说每个年级 2 册。写实作文课本所选文章多为说明文、信息文、信件等写实文章,训练学生写实类文体;而虚构作文多选用故事文、描写文(对人物或某地、某事的描写)、诗歌、剧本、小说、童话等可以虚构的文体,学生写作训练的也都是虚构类文体。

英国小学作文教学重视培养学生的构思能力和整理素材的能力,使学生掌握不同形式的表达技巧和方法。英国学者认为,为了使学生把自己所要写的东西用文字正确地表达出来,就要指导学生练习不同体裁的作文,并进行各种各样写作技巧的练习。我们没有收集到英语课作文教学课堂实录,只能通过英语教科书里的内容来观察英国作文教学的特点,窥斑见豹地搜寻英语课堂教学的特点。

下面摘引的是英国尼尔森英语教材《聚焦写作》第三册虚构作文第一课《对话写作》和写实作文《记叙》两个案例。

## 【教学案例】

### 虚构作文——写对话

**思考**

对话是人们谈话的语言。故事中有对话,会使其变得更为有趣。那么我们如何来陈述一组对话呢?

课文(略)

**回顾**

1. 把课文中卢宾达和父亲的对话写成一个话剧剧本。

具体示范:(略)

记住,当新的人物开始说话时,注意另起新的一行。

2. 写一写你认为结尾时卢宾达会对她父亲说什么。

**想一想**

1. 练习把引号补充到适当位置。

例:我很忙,可能没有空去郊游。卢宾达说。

2. 增加两段卢宾达和她妈妈可能的对话内容。

**写作任务**

- 写一段关于卢宾达和她妈妈、哈里的争论,尽可能多使用对话。
- 写一个关于卢宾达和哈里的短故事,包括一些对话。想象他们在花园里玩得很开心,一身泥泞。这时,他们的父亲看到了,会做出什么反应,说些什么呢?

**提示**

- 当在插图中出现对话时,使用引号泡泡。
- 当在故事中出现对话时,使用引号。
- 一定要把一个人说的话的内容放在引号内。
- 一个新出现的人物开始说话时,一定要另起一行。

## 写实作文——说明

### 一、说明

Ghosthunting 是一篇写实文章。它的目的在于说明这种事物。

### 二、文体特点

1. 开头:这种文体的第一段应该使读者明白你要阐明的是什么。在 Ghost

hunting 的第一段中我们可以知道：

人们相信有鬼魂的存在，

人们被鬼魂缠身，

驱鬼者可以帮助这些人。

2. 段落结构。这种说明必须一步一步来写。为了保证你的说明不至于混乱，你应该计划安排好各个段落。在 Ghost hunting 中，作者是这样安排最初几个段落的：

第一段，介绍所要介绍的内容；

第二段，解释为什么会被鬼魂缠身和鬼魂出现的地点；

第三段，解释这些鬼魂并无恶意。

3. 语法时态。这种说明文章通常是以现在时态来进行写作的。比如说："Many people believe in ghosts……"

## 三、写作任务

在第一次拜访了那些被鬼魂纠缠的事物后，驱鬼者还有更多工作要做。以下是接下来的步骤。

第一篇：驱鬼者询问被纠缠的家庭并记录日记。要写下看见鬼魂的时间、日期和地点。

第二篇：要使用仪器，如相机、录音机和摄像机进行拍摄，将拍摄到的情境用文字记录下来。

使用以上的信息，写两段说明文章。

**写作提示**

• 大部分要使用现在时写作。

• 尝试着思考一下驱鬼者要进行这些活动的原因。

## 【总评】

我们文章学中通常将写作文体分为记叙文、说明文、应用文和论说文四类，其实这不是各国通行的文章分类方法。英国尼尔森教材将学生习作划分成虚构作文和写实作文两大类。这种别具一格的文章分类方法,形成了尼尔森英语教材的一个鲜明特色,对于开阔文章分类方式与中小学写作教学思路应该是有价值的。当下我国语文课程中将小学生习作分为实用作文和想象作文两大类,从中可以发现国外文章分类方式的痕迹。

英国小学作文教学非常重视写作知识与技能训练。这套作文教材就是以写作知识和技能为主线,将虚构作文和写实作文分解成一项项技能进行系统的练习。比如虚构作文训练的技能有故事的开头、故事情节编排、故事人物描写、诗歌写作,等等;写实作文的技能有叙述、说明、第一人称和第三人称叙述等等。

研读尼尔森教材可以发现,无论是写实作文还是虚构作文,每次写作练习目标非常集中,就是让学生掌握某一项作文技能。课例一的教学目标是学习对话描写,整堂课就是围绕着这个目标组织教学的。前后安排了三次对话描写训练。第一次是改写,要求将课文中卢宾达和父亲的对话改写成剧本形式呈现,改写目的是让学生了解描写人物对话的格式和标点规范;接下来是两次对话描写练习,一段是写卢宾达和她妈妈、哈里的争论,另一次是编写一个短故事。课本中给出了简单的故事情节,要求学生想象并描写情境中人物的对话。两次写作练习的目标都是围绕人物对话描写展开的。课例二的写作目标也非常单一,就是学习怎么说明事物。首先是通过一篇写实文章让学生认识什么是说明,了解把事物说明清楚要有序安排说明的层次段落。然后根据例文创设一个具体情境,要求以说明的方式写两段说明文字,一段是用日记记录看到鬼魂的时间、地点,一段是将拍摄到的情境用文字说明清楚。两个案例分别按照两项写作技能训练编写,都是先认识写作方法,然后通过实践运用学到的方法,目标明确,指向集中。

尼尔森作文教材中对作文指导过程设计得非常具体细致,操作步骤清晰,层次感也比较强。两个案例虽然选自两本教材,但是指导过程有异曲同工之妙:首先都是从阅读范文入手,让学生通过具体的范例认识要求学习什么写作方法;然后通过问题思考,总结出这项写作方法特点或规律;接着是布置写作任务,在实践中运用写作方法。通过文本实例引导学生认识什么是人物对话描写,什么是说明,而不是用抽象概念来解释,这样的认识过程更加符合小学生的认识规律。请大家注意案例写作过程中的提示:"当在插图中出现对话时,使用引号泡泡。""当在故事中出现对话时,使用引号。""把一个人说的话的内容一定要放在引号内。""一个新出现的人物开始说话时,一定要另起一行。"这几条细致入微的友情提示正是小学生描写人物对话时最容易出错的地方,对提高学生书面表达规范性非常有效。

这两个课例虽然选自两本教材,两个课例中安排的具体写作内容也很有意思。课例一要求写两段话,一段是关于卢宾达和她妈妈、哈里的争论,一段是编写一个关于卢宾达和哈里的短故事。教材中给出了大致的故事情节。这两段话时时都要尽可能多地描写人物的对话,至于人物具体说话内容,要求学生展开想象虚构。课例二的写作内容是根据范文给出的内容设计的,要求运用范文给出的信息,写两段说明的文字。课例中写作内容与技能教学的目标完全吻合,写作内容指向明确,难度不高,学生运用写作方法的实践机会都在两次以上。可以体会到,编写者的意图着重在写作技能的实际运用,让学生通过具体的写作,掌握教学的写作技能,而没有停留在学生对写作方法的认识上。

像这样通过写段的方式明确地进行一种写作技能的指导,在我们的作文教学中常常见诸一些有经验教师的课堂教学实践之中,然而却很少见诸我们的语文教材。我们的作文教学似乎是在有意识回避写作方法指导,而英美作文教材中是非常强调作文方法技能的指导,并且是以技能为序列来编写作文教材的。读了两个案例,我们可以强烈地感受到,这两个课例都是把写作方法学习作为首要目标,而写什么内容则完全服从方法学习的需要。这与我们作文教学以写一篇作文为主、适当渗透方法指导的教学理念形成巨大的反差。将作文技能学习作为教学的主要目标,而将写作文降低为方法学习的附属,这样的作文教学理念在我们看来似乎不可思议,很难接受,但却应该引起我们深刻的思考。

# 英国小学英语综合性学习活动

　　一位中国学者将孩子送到英国德文郡小学读书,他根据孩子所经历的教学活动,目睹了英国基础教学的一些特点。虽然对英国基础教育的介绍不很全面,但是他介绍的两个英语学习的案例中,透露出英语课程开展综合性学习活动的许多信息。(舒伟《英国基础教育富有特色的教学活动》)

## 【教学案例】

### "爸爸、妈妈、香蕉和菠萝"

　　儿子来到英国时正好 11 岁,所面临的最大困难就是语言障碍。当时他的全部英语会话能力是只能说"谢谢"和"再见"。为了帮助他尽快消除语言障碍,适应学校正常的学习和生活,孩子就读的那所学校专门为他指定了一位语言辅导老师。和所有其他老师一样,这位老师亲切友好的态度使孩子首先消除了生疏、害怕的心理障碍。第一次辅导,老师先拿出一张纸,在上面勾画出三个人头像:爸爸、妈妈和一个小男孩。老师在小男孩的头像下方写上我儿子的英文名字(拼音),然后指着妈妈的头像说:"mum?"儿子马上领会意思,飞快地写出妈妈和爸爸的名字,其顺序完全按照英语写法排列,先写名后写姓。就这样,两人开始了从一个词到多个词的交流和对话,使他掌握了最基本的日常交际用语和用法。不久之后,在另一次辅导中,老师将他带到一个活动室,里面的桌子上堆放着各种新鲜的水果、饮料及制作糕点的材料,一个学生正站在桌子边学做英式点心。那天上午在和同学们共同进行的活动中,儿子不但学会了做点心,还自然地掌握了一大堆水果、饮料及点心的英语名称。

　　回到家里,儿子十分流利地向我们介绍各种食物的吃法,并描述了它们的味道,发音正确、地道,而且一次性掌握那么多单词,的确让我们感到惊讶。就这样,孩子在自由、轻松和有趣的交际活动中逐渐学会了在日常生活中使用的英语词汇。

### 【评】

案例中的孩子11岁,如果在国内读书,应该是四年级或五年级学生。需要说明的是,这个案例描述的是英国教师如何指导外国儿童从零开始学习英语的状况,是这所学校专门为这位中国孩子制定的学习英语的课程计划,所以并不反映英国小学英语学习的实际状况。特别是教师将学生带到活动室里制作点心,这明显不是在上英语课,可能是类似社会生活类课程。但是细读这个案例,我们还是可以从中发现儿童学习语言的一些带有规律性的东西。

首先,在情境中学习英语,可以取得更好的效果。一开始学习"爸爸、妈妈、小男孩"这些简单的单词,教师是采用画人物头像、写出人物姓名的方法,让学生学会这几个简单的单词和人物姓名的拼写。由于有图画情境的支持,所以学习十分轻松。更能说明情境学习的优势是在活动室里学习点心做法这个例子。孩子在一个上午的时间里非常自然地掌握了一大堆水果、饮料及点心的英语名称。虽然这不是一堂以学习英语为目标的语言课,但是孩子沉浸在英语环境中学习英语;如果没有这样的语言环境,要学会这么多词汇是不可能的。其次,教师没有刻意讲解英语语法规则,比如人物姓名拼写,孩子看了教师拼写自己的名字,通过举一反三明白了英语拼写人物姓名的规则——先写名后写姓。这是一种无意学习,孩子是在现实生活交际中掌握语法规则的。这个例子很典型,很有说服力。再次,在交际活动中学习语言更加有利于学生实际运用。学生通过一个上午的点心制作,学会了大量英语词汇,特别是回家以后就可以十分流利地介绍各种食物的吃法,描述食物的味道,还发音正确。说明语言是用会的,在生活语言交际中学会的语言才能够真正熟练运用。捷克教育家夸美纽斯提出学习语言的最好方式是在阅读中学习阅读,在写作中学习写作。其实不仅是学习外语,母语学习的最好方式也是通过实践学习。

当然，案例中这个孩子是在特定的语言环境学习英语的。在这样一种特定的情景中，周围的学生其实无意中都充当起教师的角色。在非英语环境中学习英语，与英语环境中学习英语就完全不是一回事。但是这当中蕴涵着学习语言的一条规律，无论是学习外语还是学习母语，通过实际运用是最有效的途径。所以我们再来重温《语文课程标准》对课程性质的界定："语文是一门学习语言文字运用的综合性、实践性课程"，"语文课程是实践性课程，应着重培养学生的语文实践能力，而培养这种能力的主要途径也应是语文实践"。大家特别要关注的是"主要途径"和"语言实践"这两个关键词。现代我国的语文课程其实执行的是一条以教师讲授为主的教学路径，课堂教学中学生语言实践的时间和空间都非常有限。这样学习语言的教学方式其效果一定是低效的。当然这主要是课程设计的问题，不是教师的责任，但是必须引起语文教师的警惕。这是我读了这个案例想与大家分享的最深的一点感悟。

## "编写《三国演义》专辑"

不知从什么时候开始，儿子每天放学后总在忙着写什么东西，那么专注，那么忘我。这情形持续了两个星期，他终于怀着一种大功告成的心情告诉我们，他这些天一直在用英语写"《三国演义》故事"。原来他受老师之托，为全班同学写一篇中国故事，而《三国演义》正是他最熟悉和最喜爱的故事之一，因此他决心把一些精彩故事写出来，介绍给学校的老师和同学们。捧着那本厚厚的《〈三国演义〉故事专辑》，看到那些长长短短的英语句子和一场场生动的描述，想到这些天来他每天自觉自愿伏案奋书的场面，联想起国内我们每天督促他完成家庭作业的情形，我们不禁深有感触。题材的相关性和个人意义能产生如此大的学习动力，带来如此显著的学习效果，这是我们没有想到的。尽管《专辑》中不少英语句子还存在语法错误，如单复数和动词时态的配合，但并不影响意思的表达。能够写出这么多篇幅，而且人物形象鲜明，故事情节生动，已达到一定的语言表达水平。如果再写几个专辑，他的英语能力一定会有更大进步。此外，在写作过程中，他的选材和组织能力、审美能力以及独立工作的能力，如查阅英汉词典和汉英词典等动手能力都得到了锻炼。这本故事专辑获得学校师生的好评,最后还上交给当地教育部门,作为外国儿童学英语的研究课目材料保存起来。

这以后,孩子的学习热情更加高涨,不久他又搞了一本专辑——《嗨,我在Langley Junior School》,配有照片,英汉对照,全面介绍自己在这所英国学校里的学习和各种活动的情况。他还运用学校的计算机、复印机等现代化设备,对专辑文字和图片进行处理。所有这些都是自己设计、自己输入和打印,最后装订完成。看到孩子的英语水平迅速提高,动手能力大大加强,我们做父母的自然十分高兴。

## 【评】

近20年来欧美国家流行任务型教学理论,就是将语言学习过程转化为完成某项任务或解决特定问题的过程,引导学生在完成任务的过程中积极、主动地学习语言,应用语言。在完成任务的实践过程中,促进学生对知识与技能的掌握,培养学生解决问题、批判性思考、创新思维等多种复杂能力。课例中教师布置了"编写《三国演义》专辑"这样一个真实的任务,"为全班同学写一篇中国故事"让这位学生整整忙碌了两个星期,而且是"那么专注,那么忘我"。学生为什么会如此投入地去完成这项工作的?因为在他看来,这不是在完成一项普通的作业,而是在完成一项工作,其工作时的心态和作家创作小说、工程师设计产品完全一样。由于有着强烈的动机,就会全身心地投入工作,因此在任务完成以后会有大功告成的心情。以这样积极主动的心态进行学习,其效果就不可能不好!这位学生"在写作过程中,他的选材和组织能力、审美能力以及独立工作的能力,如查阅英汉词典和汉英词典等动手能力都得到了锻炼","如果再写几个专辑,他的英语能力一定会有更大进步"。这就是综合性学习活动的魅力。

## 【总评】

有人认为,户小学教育实践中先后出现过建立在不同认识论基础之上的三种教学模式：一是以行为主义心理学为基础的教学模式，基本特征是以传统的讲述作为主要教学手段；二是以认知心理学为基础的教学模式，基本特征是鼓励学生自我探索，自我发现；三是带有综合特点的以社会性结构心理学为基础的教学模式，其基本特征是强调学生的实践活动以及师生之间和学生之间的相互交流与合作。以上两个案例不同程度地反映出社会性结构主义教学模式的特点。施教者注重学习者因素，包括情感因素、认知因素和学习动机因素等，强调教育的最终目的不是给学习者装载知识，而是启迪智慧，开发智力，提高实践能力和创新意识。教师要充分了解学生，从关心学生的全面发展出发，要求学生建立责任感，认识自己在学习过程中的责任，并且教师不再成为学生知识的唯一来源，而是强调师生之间、学生之间的多种形式的沟通、交流与合作等。事实表明，综合性学习活动是一种十分有效的学习方式，与传统讲述为主的教学方式相比较，在提高学生的学习兴趣、培养学生的实践能力和创新意识方面有着比较明显的优势。

在肯定综合性学习优势的同时，我们也完全没有必要否定传统的教师讲述的教学方法。存在必有其合理性。综合性学习活动并不能完全取代教师的课堂教学，学生的实践活动也不能完全取代教师的讲授。上述课例一"爸爸、妈妈、香蕉和菠萝"就说明了这一点。孩子刚到英国，在一个完全陌生的语言环境中如何学习？英国教师首先采取的是个别化教学，让孩子从日常生活用语开始学起。我们看到孩子一进学校，教师先让他认识常用单词，然后师生开始了从一个词到多个词的交流和对话，并且掌握了最基本的日常交际用语和用法。这时的教学当然就不可能排除传统的教师讲授的方法。即使是母语学习，在学习一项新的知识或技能的时候，教师适当的讲授可以大大缩短学生学习时间。按照奥苏贝尔的说法，无论是接受学习还是发现学习，只要是有意义的学习，就都是有效的。当然，英国教师在学生启蒙阶段也非常重视让学生在生活中自然地习得语言，这种教学方法是值得我们重视的。

# 美国低年级读书指导课

美国是个分权制国家,学科课程标准的制定权利在各州政府,因此各州中小学校没有统一的课程标准,也没有统一的课程计划。学校的课程安排一般是由学校校长甚至教师自行决定。美国小学课程设置中,和语文有关的科目主要有英语、阅读、词汇学习、拼写、朗读等,但主要是英语和阅读两门科目。英语科(也有学校称语言艺术)主要是学习文字、词汇、语法、篇章、修辞、标点符号等语文知识和听、说、写作的语文技能。阅读课主要是通过各种类型的作品阅读培养学生的阅读能力。

美国有些小学的阅读课,就是让学生进专用阅览教室自由阅读。这样的阅读课一般没有统一的教材,学生可以按照自己的阅读兴趣选择读物。阅读课的教学形式上也是以学生个人阅读或小组合作阅读为主。教师在课上只是进行组织和督促,一般不会面对全班学生进行具体的阅读指导。对已经学会阅读、初步具备阅读能力的学生而言,这样的阅读课没有什么大的问题;但对刚刚开始进入阅读、独立阅读能力不强的低年级学生来说,缺乏必要指导,学生就可能无所适从。针对这种现象,美国的一些教师开始进行"有指导阅读"的研究。所谓的"有指导阅读",是指在专用阅览室里,学生在教师的指导下开展自由阅读的一种教学方式。下面是一个一年级阅读指导课例。

**【教学案例】**

我给每个孩子一篇课文的复印件。通常我要做三到四分钟介绍,其中包括书的概要、关键概念以及新的词汇的讨论,这是帮助学生解决阅读中棘手问题的机会。我可能会说一些这样的话:"把书翻到第 7 页。这儿有老鼠不开心,他用不同寻常的方式在说话。他在想什么呢?"对于新的单词,我会提示"在单词

'grumble'（抱怨）的开头，你期望找到什么字母？在这一页上，你还找到哪些棘手的单词吗？指出来，读一读"。如果我想让学习标准放低一点，不那么强调新的单词，我就会在讲述中仅仅提一提，轻轻带过。

介绍之后，孩子们就开始阅读课文。我要求他们在我身边围坐成一个圆圈或半个圆圈，期望孩子们没有停顿地一直读下去。如果这课文比较长，需要几天才能读完，那么就在全文某处设定一个停顿点。孩子们要么默读，要么自己大声朗读，这都依据他们的习惯而定。

学生朗读时，我从这个孩子走到下一个孩子那里，听每一个孩子朗读，并且轻轻地指导。如果这个孩子读得太轻，我就提醒她大声朗读；如果一个孩子在阅读中遇到了问题，我首先看他是否有解决问题的策略，我可能会说，"观察一下这张图片"，或者"什么是有意义的"，或者"它可能会是什么吗"，再提供正确答案。

如果一些小孩很快读完了，我会让他们再次阅读这篇课文，这一次是默读（或者不能指读），或者我们可能会让他们找到自己喜欢的那几页。

当每一个小朋友都完成阅读，就进行一个非常简短的讨论。"你觉得这个故事怎么样？它是一个伤心的故事，对吗？戴尔，你最喜欢哪一页？画下来。"在指导性阅读课上的师生对话，往往是老师和个别学生对话的模式，其中孩子们之间的讨论很少。每一个小孩往往说他或她自己阅读的那部分，没有过多的具体指导。

讨论中，我们往往指定一个"讨论点"——"阅读时你最困难的部分是什么"或者"你在哪里能好好地阅读"。之后，让他们重新阅读那一章节。老师可以把孩子带到他认为难点较多的那部分。讨论点经常会涉及几个小孩都遇到单词困难的那页。碰到这样的情况，我们往往会拉出一块白黑板，把这个单词写在上面，然后处理相似的单词。在一堂课结束前，老师们就会让孩子们重新阅读那个单词出现的那一页。这样做，被孤立的单词又被放回到课文上下文的语境中。

当小孩阅读完了这本书，再简要地讨论一下，继续做一到两篇相关课文的练习，指导性阅读课程才结束。

指导性阅读完了以后，孩子可以把这本书带回到他们的座位上，并且把这本书和收集的其他书放在一起,在接下来的几天中再次阅读。

## 【总评】

对中国教师来说,阅读课没有指导几乎是不可想象的,但是对美国教师而言情况正好相反。因为美国学生在阅览专用教室里阅读是非常自由的。按照他们的习惯,阅读课就应该让学生自己阅读,因此教师在阅读课上如何给予指导,反而成为需要研究的问题。小学教师盖·苏·皮娜尔甚至还出版了一本专著《指导性阅读》,专题总结了自己如何指导学生开展自主阅览的研究成果。上面介绍的就是皮娜尔著作中"有指导性阅读"的一个案例。

这堂课教师的指导主要体现在阅读前对读物的简单介绍,或者介绍书中一个有趣的情节,或者讲述故事的开头,或者大致描绘全书的内容,介绍的目的在激起学生阅读的兴趣。盖·苏·皮娜尔曾经建议"百分之八十的指导性阅读在于介绍"。当然,除了介绍书籍,教师也会根据所阅读书籍的实际情况,有针对性地讲解若干学生难以理解的单词,或者画好文章段落的结构图、书中人物关系图,或者让学生围绕这本书讨论一些关键的问题,以帮助学生扫除阅读的障碍,顺利地进行独立阅读。需要指出的是,指导性阅读课上教师的指导时间是非常有限的,按照盖·苏·皮娜尔本人的说法,每次对一个小组的指导仅三到四分钟,指导余下的时间就留着孩子们自己阅读,或者与小组合作者之间讨论。教师则转移到其他小组,检查或指导别的小组学生进行阅读。

从这个课例我们可以看出美国低年级阅读教学的以下一些特点。

一、保证学生自主阅读的时间。尽管美国各所小学的作息计划不同,但从收集的课程计划中发现,每所小学一天中总有阅读的时间。威斯康星州小学四、五年级每天阅读时间为 45 分钟,有的学校每天让学生进行自由阅读的时间为一小时。美国学者艾伦·罗斯曼说,能不能培养熟练的阅读能力,并不在智商的高低,而是在阅读上所花费的时间。凡每周至少有 3 个半到 4 个小时用于阅读书刊、报纸的,十有八九能够达到熟练的阅读程度。苏霍姆林斯基也认为小学阶段学生默读时间应该达到 2000 小时以上。如果这种观点符合儿童阅读能力发展规律的话,那么美国学校每天让学生进阅览室独立阅读的安排是非常必要的。其实,知识是可以传授的,而能力只能在相关的实践活动中获得。正如叶圣陶所说:语文教学要"以学生获得实益,练成读作之熟练技能为要"。而培养"读作之熟练技能",关键不在于教师的教,而在于学生自己的"读作"实践。阅读能力是一种技能,只有在学生参与的阅读实践过程中才能习得。由于美国中小学课程设置中母语课程教学时间所占比例很高,因此可以保证学生有充裕的时间进阅览室读书。这是非常令人羡慕的。

二、采用个别阅读或小组合作阅读的方式。美国阅读课多采用小组阅读的形式,按照学生的阅读水平分成几个同质阅读组,或者是按照学生的阅读兴趣分成几个专题性的读书小组。由于每组学生的阅读水平不同,或者是阅读兴趣不同,因此每个阅读小组所读的文本也是各不相同的。教师在一般情况下很少进行全班性的阅读指导,较多的是采用分组指导或个别指导。这样虽然会对教师阅读指导带来一定困难,但却真正体现了因材施教、以学生为本的教育理念,符合个性化阅读的需要,也能更加有效地促进学生阅读能力的发展。

三、教师放手大胆让学生独立阅读。美国学生在阅读课上的主要行为就是自主地、独立地阅读,阅读材料大多由学生自己选择。应该承认,阅读是一种个性化的行为。每一个体由于能力、经历、认知水平和个性爱好等诸多差异,其阅读的兴趣、阅读的方法、阅读的速度、对文本的感悟都是各不相同的。因此阅读课让学生自己选择喜欢的材料自主地进行阅读,似乎更加符合阅读的规律,也更加人性化。相比之下,我们的阅读课主要不是学生的个体阅读行为,而是在教师统一指挥下步调一致的群体阅读行为。其统一性表现在:阅读材料统一,阅读目标统一,阅读方法统一,阅读步骤统一,甚至包括学生提出问题、讨论问题都是教师预设、全班统一的。我们的阅读课追求的是课堂形式的精致、严密、热闹,而很少顾及学生个性化阅读的时间和效率。如果观察学生个体在课堂上的具体表现就会发现,教师过度占用教学时间,学生真正有效阅读的时间很少。不少学生整堂课没有说话的机会,甚至没有完整地阅读一遍课文。大一统的阅读教学有效性究竟如何,实在是非常令人怀疑的。

# 美国读书交流课《灰姑娘》

　　这是一位中国家长记录下来的一堂美国小学的阅读课,最早发表在 2004 年的《读者》杂志上。这堂课讨论的是法国作家佩罗创作的童话故事《灰姑娘》,《小学语文教师》转载时将其定为美国小学的"阅读课"。但是令人费解的是,课堂上只是有一个学生讲述了这个故事,学生手中并没有课文。如果是教学一篇课文,那么课堂上一定有学生共同阅读课文或文章中某个片段的环节。但纵观整个教学过程,课堂上甚至没有出现《灰姑娘》这篇课文的影子,也没有学生阅读的环节。其实,美国小学教师上英语课,常常是上完一篇课文,布置学生课外再去阅读有关的书籍。比如英语课上读了佩罗的童话故事《小红帽》,就布置学生课外去阅读佩罗的其他童话故事《灰姑娘》《小拇指》,等等,然后在后面的英语课上让学生交流自己阅读后的感悟、体会等。从这个课例所记录的课堂情形看,这似乎是一堂比较典型的读书交流课,而不是像我们通常所理解的阅读课。

【教学过程】

　　上课铃响了,孩子们跑进教室,这节课老师要讲的是《灰姑娘》的故事。

　　老师先请一个孩子上台给同学讲一讲这个故事。孩子很快讲完了。老师对他表示了感谢,然后开始向全班提问。

　　师:(问题 1)你们喜欢故事里面的哪一个? 不喜欢哪一个? 为什么?

　　生:喜欢辛黛瑞拉(灰姑娘),还有王子,不喜欢她的后妈和后妈带来的姐姐。辛黛瑞拉善良、可爱、漂亮……后妈和姐姐对辛黛瑞拉不好。

　　师:(问题 2)如果在午夜 12 点的时候,辛黛瑞拉没有来得及跳上她的南瓜马车,你们想一想,可能会出现什么情况?

　　生:辛黛瑞拉会变成原来脏脏的样子,穿着破旧的衣服。哎呀,那就惨啦!

师:所以,你们要做一个守时的人,不然就可能给自己带来麻烦。另外,你们看,你们每个人平时都打扮得漂漂亮亮的,千万不要突然邋遢地出现在别人面前,不然你们的朋友要吓坏了。女孩子们,你们更要注意,将来你们长大和男孩子约会,要是你们不注意,被你们的男朋友看到你很难看的样子,他们可能就吓晕了。(师作昏倒状,全班大笑)。

师:(问题3)好,下一个问题:如果你是辛黛瑞拉的后妈,你会不会阻止辛黛瑞拉去参加王子的舞会。为什么?

生:会,因为我爱自己的女儿,我希望自己的女儿当上王后。

师:是的,所以,我们看到的后妈好像都是不好的人,她们只是对别人不够好,可是她们对自己的孩子却很好,你们明白了吗? 她们不是坏人,只是她们还不能够像爱自己的孩子一样去爱其他孩子。

(问题4)孩子们,下一个问题:辛黛瑞拉的后妈不让她去参加王子的舞会,甚至把门锁起来,她为什么能够去,而且成为舞会上最美丽的姑娘?

生:因为有仙女帮助她,给她美丽的衣服,还把南瓜变成马车,把老鼠变成马……

师:对,你们说得很好! 想一想,如果辛黛瑞拉没有得到仙女的帮助,她是不可能去参加舞会的,是不是?

生:是的!

师:如果老鼠不愿意帮助她,她可能在最后的时刻成功地跑回家吗?

生:不会,那样她就可以成功地吓倒王子了。(全班再次大笑)

师:虽然辛黛瑞拉有仙女帮助她,但是,光有仙女的帮助还不够。所以,孩子们,无论走到哪里,我们都是需要朋友的。我们的朋友不一定是仙女,但是,我们需要她们,我也希望你们有很多很多朋友。下面,请你们想一想,如果辛黛瑞拉因为后妈不愿意她参加舞会就放弃了机会,她可能成为王子的新娘吗?

生:不会! 那样的话,她就不会到舞会上,不会被王子看到、认识和爱上了。

师:对极了! 如果辛黛瑞拉不愿意参加舞会,就是她的后妈没有阻止,甚至支持她去,也是没有用的。是谁决定她要去参加王子的舞会?

生：她自己。

师：所以，孩子们，就是辛黛瑞拉没有妈妈爱她，她的后妈不爱她，这也不能够让她不爱自己。就是因为她爱自己，她才可能去寻找自己希望得到的东西。如果你们当中有人觉得没有人爱，或者像辛黛瑞拉一样有一个不爱她的后妈，你们要怎么样？

生：要爱自己！

师：对！没有一个人可以阻止你爱自己；如果别人没有给你机会，你应该加倍地给自己机会；如果你们真的爱自己，就会为自己找到自己需要的东西——没有人能够阻止辛黛瑞拉去参加王子的舞会，没有人能够阻止辛黛瑞拉当上王后，除了她自己。对不对？

生：是的。

师：（问题5）最后一个问题：这个故事有什么不合理的地方？

生：（过了好一会儿）午夜12点以后，所有的东西都要变回原样，可是，辛黛瑞拉的水晶鞋没有变回去。

师：天哪，你们太棒了！你们看，就是伟大的作家也有出错的时候，所以，出错不是什么可怕的事情。我担保，如果你们当中谁将来要当作家，一定比这个作家更棒！你们相信吗？

孩子们欢呼雀跃。


【总评】

这堂课中教师先后一共提出了五个问题，其中四个问题从人物形象评价和作品内容理解出发提出的，最后一个问题是对作品质疑。这些问题在书中找不到现成的答案，但有思维价值，而且答案大多是开放型的，很难说哪一种答案是标准答案。比如"故事中的人物喜欢哪一个、不喜欢哪一个"，孩子们的回答不可能统一，老师也没有对究竟该喜欢谁做出任何评判和引导，就让孩子们带着自己原生态的体验和认识来讨论问题，这是对孩子个性化感悟的尊重。值得注意的是，这些问题既是考量学生对童话内容的理解，培养学生的分析、判断、推理、概括等抽象思维和创造性思维能力，还十分自然地渗透着对学生人文精神的教育。用我们的话语系统来表述，就是在教学过程中注意了工具性和人文性的统一。美国教师强调个性化教学、个性化阅读，所用的教学方法五花八门，像这样一板一眼面向全班学生提问、让大家一起讨论的课例是不多见的。但课例中所反映的美国教师如何提问、如何引导学生讨论问题、如何对学生回答进行评价等一系列做法，却很有回味余地。

这是一堂非常简单而又朴实的语文课。在整堂课中，就是一个学生上台讲了一个故事，然后是师生共同讨论。美国是发达国家，美国小学的现代化设备条件不会比我们差，但是这节课上没有眼花缭乱的多媒体技术的应用，没有看到五花八门的所谓合作学习、小组讨论、分角色表演等学习方式，没有看到老师运用什么富有创意的课堂教学技巧……一切都是那么简单、朴素、实在。教师提出一个个问题，学生自由讨论，短短一节课的时间把一篇童话中蕴含着的许多人生道理传递给了孩子。课上得朴实简单，孩子学得轻松活泼，课堂上不时出现全班哄堂大笑或欢呼雀跃的情形。相比我们现在的语文课越上越复杂，不但老师教起来累，学生学起来同样辛苦。为此，有识之士大声疾呼：语文教育应当提倡朴实、简单！但究竟应该如何简简单单教语文，似乎还没有搞得很清楚。这节课给我们提供了一个很好的范例。

结合故事讨论，渗透人文教育。在这节讨论课，老师向孩子们传递的人文精神是多方面的：诚信意识——"一定要做一个守时的人，不然就可能给自己带来麻烦"；文明的教养——要注意自己的仪表，"不要突然邋遢地出现在别人面前"；辩证地评价他人——后妈不是坏人，"只是她们还不能够像爱自己的孩子一样去爱其他的孩子"；要自强不息——"如果别人没有给你机会，你应该加倍地给自己机会"；批判精神——"伟大的作家也有出错的时候"；宽容和自信心——出错不是什么可怕的事情，"如果你们当中谁将来要当作家，一定比这个作家更棒"。这些意识和观念，都是现代社会每个人最基本的品质，也是当代公民必备的素养，通过这个课例，我们可以充分感受到美国的小学老师其实是非常重视学生的道德品质教育的。不过美国教师对儿童的教育更加人性化、儿童化，借助幽默、轻松的语言，润物细无声地熏陶、塑造孩子的幼小心灵。语文课如何更加有效地培养学生的人文精神，这堂课在教育内容和教育形式上都能够给予我们不少的启示。

# 日本小学五年级读书班会

　　日本小学国语教材每册阅读单元一般只有三四个,每个阅读单元一般只选一篇阅读课文,因此课文数量很少。日本小学国语课程很重视学生读书,学生阅读量并不少。国语教材以读书单元的方式,将整本书阅读编写进国语教材之中。日本发行量最大的《光村国语》教材,每册课本安排单元6—8个,其中必有一个是读书单元。教育出版社编写的《国语》教材,每册教材安排7个单元,其中第四单元固定是"快乐读书"单元。各年级读书单元的主题有"读故事""快乐地去读""享受读书的乐趣""感受读书的喜悦""读书和自我",等等,其教学目标就是爱读书,会读书。

　　下面这个课例摘自日本国语教材发行量最大的光村图书《小学新国语》五上课本(方明生《日本生活作文教育研究》)。教材编写者的意图很清楚,就是通过这一示范性的读书会课例,让学生明确什么是读书讨论会,读书讨论会有几种类型,每一种类型讨论会的内容和方法,等等。课例最后还编写了两道参与性的思考题,意在帮助学生尝试如何有效地参与读书讨论会。


**【教学课例】**

　　会议主席:现在开始开班会。今天讨论的题目已在黑板上预告过了,现在就"读书感想发表会举行的方法"进行讨论。先请图书委员谷川说明一下提出这个题目的理由。

　　谷川:我们小组在四年级时举行过几次读书发表会。但由于发言的人少、内容枯燥,没有坚持下去。最近,图书委员会讨论过一次,大家认为应该搞好读书发表会,使大家都喜欢上读书。因此,希望能在班会上就读书发表会的内容和发表方法讨论一次。

会议主席:对图书委员的说明大家有什么提问的? 水野君。

水野:读书发表会的内容枯燥是怎么回事?

谷川:参加会的不少人说,介绍故事的梗概、谈感想什么的,不太有意思。

木村:四年级时发言人数总共有几个?

谷川:共四次,有二十人左右。

大田:要使发言人增加,必须多开几次发表会。

谷川:可能是的。但是,如果让每个人的发言时间缩短一点,不是可以有更多的人发言吗?

野村:我认为即使增加了发言的人数,大家都没有认真读书也是搞不好发表会的。

会议主席:野村君稍等。其他人有什么问题? 好,野村君请继续。

野村:我平时没有时间,不太读书,没有什么可以发表的。因此,我觉得没有必要增加发表会的次数。

高木:我的意见也是这样的。

大田:但是每个月能读一本书吧。那样的话,即使每月开一次发表会,也能使全班每个人都发言。还有一点,谷川君的提议中已提到了,通过读书发表会可以使大家喜欢读书,这是很重要的。

谷川:根据图书委员会的资料,每人每月平均读 1.5 册书。

会议主席:野村君、高木君,你们认为怎么样?

野村:就读这几册我想我也是行的。

会议主席:那么,会议应怎么开? 大家提出意见来。

北川:我认为定一个固定的日子比较好,如每月第一个星期六。然后,每次决定下一次会的发言人。

叮田:我赞成北川的意见。每次大抵能定下下一次的发言人,这样发言人需要积极准备,有利于开好会。

高木:这样很好,逼着你读。

大田:我赞成定期、定发言人来开会。但每月可以不是一次,应使发言的机会更多一点。不一定是故事梗概、感想等,也可以是介绍书。

木材:我跟大田同样意见,可一周开一次,时间短一点也行。尽可能互相了解正在读的书。这可以跟读书发表会相区别,称为读书报告会。

中村:为了能促进读书生活的提高,我赞成这个意见。

会议主席:到现在为止,大家提出了一月一次的读书发表会和一周一次的读书报告会。其他还有什么想法。

石原:我对前面的提案并不反对,但除此之外,一年中可以安排一二次大的活动。不仅有读书发表,还可以有朗读,以小组为单位的、以读过的故事为剧本的演剧等各种活动,还有可以展示同学的读书感想和读书笔记。

野村:这样挺有趣的,成为读书节了。

会议主席:有了三个提案,读书委员有什么意见?

谷川:大家的意见很有意思。如果能更具体地讨论一下就更好了。另外,提出的几种形式是否全部都搞,是否也讨论一下?

会议主席:明白了。有关时间的安排还要听老师的意见。现在,先按读书报告会、读书发表会、读书节的顺序继续讨论,请尽量就会的内容和方法具体地发表意见。

思考:

1. 你认为这个会议的会议主席的主持,提案同学、参加同学的意见的提出方法怎么样? 讨论一下。

2. 这个会议如继续举行,你会发表什么意见呢?

**【总评】**

日本教育家认为,课外阅读是课堂教学中不可缺少的补充,课堂教学中学到的字、词、句、章、文法、语法、逻辑、修辞等方面的知识,可以在课外阅读中反复强化,加深理解,灵活应用,并且在不知不觉中巩固记忆。如果学校中没有课外阅读,那么学生就不可能学活、学深、学好。日本国语教材中的读书单元都有具体的目标和内容,讲求循序渐进。具体为:低年级"爱读"——培养读书兴趣,主动读;中年级"多读"——阅读数量大,读书的种类广泛;高年级"精读"——有思考、有选择地阅读。他们的班会活动或课外活动常常就是座谈读书心得。

这堂读书讨论课出自五年级《光村国语》教材,意在引导学生了解读书讨论会的内容、组织方式、间隔时间,等等。认真研读这个案例,我们可以对如何指导学生召开读书讨论会有比较具体的认识。

为何要举行读书讨论课? 因为不是每个小学生都喜欢读书,都有课外读书的主动性和自觉性。对学生课外读书不给予适当的干预或引导,那么一些对读书兴趣不高的学生很难做到持之以恒,很可能会流于形式,不能取得应有的效果,严重的甚至会影响学生课外阅读的兴趣。而"通过读书发表会可以使大家喜欢读书","发言人需要积极准备,逼着你读"。所以组织读书讨论会是对学生读书兴趣的激发,读书体会感悟的交流,对喜欢读书的学生是一种鼓励、肯定,对那些读书兴趣不高的学生是一种督促和检查。通过班级集体的力量,营造爱读书的氛围,裹挟那些不喜欢读书的孩子也加入到读书队伍之中,让这些孩子通过读书亲身体验读书的乐趣。用这样的方式激发学生的读书兴趣,相比教师硬性的规定有效得多,也更人性化。

读书讨论会应该以怎样的形式举行? 从上述案例中可以看出,简单地"介绍故事的梗概,谈感想什么的,不太有意思"。这个班级的图书委员谷川说他所在的小组"在四年级时举行过几次读书发表会。但由于发言的人少、内容枯燥,没有坚持下去"。可见读书发表会要形式多样,要符合小学生的心理特点。案例中几位学生对读书发表会如何组织出了好多主意。"不仅有读书发表,还可以有朗读,以小组为单位的、以读过的故事为剧本的演剧等各种活动,还有可以展示同学的读书感想和读书笔记。"还可以读书节的方式"一年中可以安排一二次大的活动"。

读书讨论会多长时间举办一次? 有学生主张一个月举办一次,有固定的日子。有的学生认为一周一次,学生发言机会多一些。每次会议都事先确定下一次读书会的发言人,这样可以做好准备,提高读书会的质量。

日本国语课程以教材方式对学生课外阅读进行具体系统的指导,可以大大减少教师指导的随意性和盲目性,反映出日本学界对课外阅读指导方法研究的深入。我国的《语文课程标准》对小学生课外阅读的数量做了明确的规定,现行统编教材也将整本书阅读作为教材的重要板块。其实,我国语文教师对读书重要性的认识不会亚于日本国语教师,但往往是说起来重要,忙起来不要。由于以前我们的语文教材中对读书没有具体的指导内容,同时也没有法定的教学时间保证,所以这一任务往往被淡化。现行统编教材将整本书阅读编进教材,可以确保课外阅读在语文课程中的法定地位,这对培养小学生读书兴趣和习惯一定会起积极的作用。但是如何对学生整本书阅读进行具体有效的指导,我们的语文教科书里似乎还缺少具体的提示和指导。日本国语教材中每册教材都安排了读书单元,对学生课外阅读指导十分具体。比如有"诗集讨论会",对学生进行诗歌欣赏和评价的指导;"漫画讨论会",让赞成读漫画和反对读漫画的学生进行辩论,提高学生欣赏阅读漫画的能力;上述案例是将读书讨论课的举行作为教材内容;等等。这些举措是值得我们学习和借鉴的,特别是对我国语文教材编写极有启示。

# 台港澳语文课

# 四年级《渔歌子》

执教者:[中国台湾] 陈丽云

## 【教学过程】

### 板块一

师:同学们知道我来自哪里吗?

生:台湾。

师:现在就让老师带你们一起走进台湾看看,好不好?

生:好!

师:来,这就是台湾。台湾美不美?

《春日》 朱熹

胜日寻芳泗水滨,
无边光景一时新。
等闲识得东风面,
万紫千红总是春。

生:美!

师:哪里美啊? 现在请这位手举得最快最直的帅哥发表,请说。

生:有很多鲜艳的花。

师：有很多鲜艳的花。最美的是哪一朵花？

生：第三幅。

师：请你深情款款地看着我，你说第三幅，是我最美，是吧！台湾有许多美景，但台湾最美的是人！丽云老师很喜欢读我们的古诗文，看到美景，我马上想到这诗句："等闲识得东风面，万紫千红总是春。"

师：可是最近台湾好喜欢下雨，不知道为什么，我就立刻想到这首诗。一起读前两句。

《山居秋暝》 王维
空山新雨后，
天气晚来秋。
明月松间照，
清泉石上流。

生："空山新雨后，天气晚来秋。"

师：真的，天气变冷了。那天我到山上去，看到枫红，就想到这首诗。

《山行》 唐·杜牧
远上寒山石径斜，
白云深处有人家。
停车坐爱枫林晚，
霜叶红于二月花。

生："停车坐爱枫林晚，枫叶红于二月花。"

【评】

课前谈话就让学生读了三首脍炙人口的古诗,配合色彩缤纷的画面,加上教师生动的语言,感受优美的画面和隽永的诗歌语言,一下子就把学生带入到浓浓的诗情画意之中,激发了学生学习古诗词的兴趣,为这堂古诗词教学课奠定了情感基础。

师:我们读过很多古诗文,看到美景时,那些诗文会自然而然地浮现在我们脑海里。今天我们要走进一首跟风景和季节有关的古诗词。读诗词之前,我们要懂得学习的方法。你们有完成预习单了,是吧?(生点头)

师:读任何书一定要有方法,不是打开就读的。(出示课件)

师:同学们,读任何书之前,都可以用 KWL 来表示。

关于《渔歌子》

K:What do I know?(我已经知道些什么?)
W:What do I want to learn?(我想要学些什么?)
L:What have I learned?(我学会了些什么?)

[出示:K(What do I know?)我已经知道些什么?

　　　W(What I want to learn?)我想要学些什么?

　　　L(What have I learned?)我学到了什么?]

师:K,我对古诗词已经了解了多少;W,关于《渔歌子》,我想要学习什么呢;L,我学会了什么。

(将生分组:每对同桌按左右座次分组,按纵向分为左组、右组)

【评】

陈老师没有直接进入到这首词的学习,而是让学生停下脚步认识学习的方法,"读任何书之前,都可以用 KWL 来学习"。读古诗词可以用这种方法,读其他文章也可以用这种方法。按照此方法阅读,能极大地提高学生学习的自觉性和主动性,提高阅读的效果。教师出示这个学习方法的时机把握得很好,因为此时学生注意力最集中,最容易接受新的知识;学习方式运用也得当,采用同桌学生分组学习,可以让每个学生都亲身参与,通过运用实践更容易掌握此方法。教师通过学生对 K、W 问题的讨论,可以真实地了解学生预习情况及学习愿望,使这堂课的教学更有针对性。

师:倾听是很重要的学习。两个人看着对方。第一个问题:左边同学对右边同学说,关于古诗词,我学到了什么。第二个问题:右边同学对左边同学说,关于《渔歌子》,我想学些什么。

师:关于第一个问题,说说你听到了什么,你跟同桌同学学到了什么。

生:他说古诗有很多类,有爱国诗、田园诗、边塞诗,还有一些古诗有押韵。

师:喔!他知道诗是有押韵的,而且分成边塞诗、田园诗和爱国诗。你很会读书,你听得很清楚,来把掌声送给这两位同学。他已经知道诗分很多类。(生鼓掌)

师:宝贝,你的一号说了什么?

生:他知道古诗是诗人用简练的句子来表达自己的思想情感。

师:第二个问题:关于《渔歌子》,我想要学什么?学贵存疑,不是说打开教材就开始读了。问自己:我到底想学什么? 有小疑,就有小小的进步;有大疑,就有大大的进步喔!

生:我的同桌同学知道了这首词的作者是张志和,"渔歌子"是词牌名。

生:他想学《渔歌子》这首诗怎么读、注释、意思,还有中心思想。

生:他想要知道并掌握诗意,了解作者的生平。

生:我同桌刚刚说了,他想知道《渔歌子》描写了什么样的场景?

生:他知道了渔翁不想回家,喜爱钓鱼。

师:这个问题提得很好,想想?

(生思考)

师：很好，你们提的问题我们慢慢地都会在课上解决。

**【评】**

教师先引导学生讨论 K"知道了什么"和 W"想要学什么"，至于 L"学到了什么"，应该是这堂课上完以后的事情。从学生的讨论可以发现，即使四年级小学生学习这首词也并非零起点，有关诗的押韵、诗的分类、"渔歌子"是词牌名等，学生大致还是了解的。学生学习这首词最想了解的还是词意、作者生平，诗词的情感（中心），等等。其实教师此时最希望学生提出诗词中的一些深层问题，比如"渔翁为什么不想回家"。这个问题对理解词人的情感很重要，因此教师备课时有预设的，但非小学生能想到的。

**板块二**

师：四（年级）上（册）我们学过古诗《送孟浩然之广陵》（出示古诗《送孟浩然之广陵》），四下我们学习《渔歌子》。谁能告诉我，这两首诗词，在形式上有什么不同？

生：一首是诗；一首是词，有词牌名。

师：这两首诗词有什么不同？"长相"——四行有什么不同？

生：第一首是诗，每行是七个字；第二首的第三行——左三个字，右三个字，这是词。

师：你怎么知道的？

生：预习。

师：左边的是诗。四行，每行是七个字，叫作"七言绝句"；右边的是词。这两首，是不是长得很像？只有第三句不同。第一首，七七七七，共二十八个字；第二首，七七三三七，共二十七个字。如果我把第二首第三句加一个字——"青箬笠'和'绿蓑衣"，它也变成了诗。诗和词是不是很像，所以词还有一个名字——诗余，就是这样来的。（出示《关于词》）

师：自己默读，关于词，你读到了什么？

生：我知道了词每行的字数不一样；并不是随意长随意短，它是有规律的；

词是为配乐而写的,所以一个词牌都有固定的格式,每一首都有固定的调子。

师:非常好。掌声!

(生鼓掌)

师:词为什么叫长短句?因为句子有长有短。是不是想怎么长就怎么长?

生:不是。

师:对,它是有固定格式的。你们读过词吗?《渔歌子》是词牌,格式是七七三三七。这首词的题目正好跟渔夫有关系,后人写的词未必与渔夫有关,可格式还是七七三三七。

《渔歌子》的"子"就是"曲"的意思,所以《渔歌子》又叫《渔歌曲》。词牌是曲调,是能唱的。现在写歌词还是这样的格式,如:"不怕风,不怕雨,我们立志要长大。"(师哼唱)

师:大家看,这首词每一句的最后一个字——

生:飞、肥、归。

师:发现了吗,词是押韵的。飞、肥、归押 ei 韵。

【评】

指导学生认识什么是词,教师非常及时地出示已经学过的古诗《送孟浩然之广陵》,通过比较引导学生初步发现诗与词在表达形式上的区别,顺便补充了有关词的知识;接着留出时间,让学生默读,"关于词,你读到了什么?"静下心来进一步发现词的词牌和格式、词的押韵等。话语简洁,用时很少,让学生对诗与词的不同表达形式以及词的基本特点有了非常直观的了解。

师:老师在来之前,在家里用琴弹了这曲调,唱着《渔歌子》,录下来。想不想听?

生(期待状):想。

(播放录音,生静听,陶醉)

师:我们修德国小的学生还有儿童摇滚版,来,听一听。

(播放儿童摇滚版《渔歌子》,现场师生合唱)

师：不错，唱得很好。

师：刚才听的时候，有没有发现读音有什么不同？

生：白 bó。

生：绿 lù。

生：斜 xiá。

师：听得很清楚。在古时，这样的读音是便于押韵用的。

**【评】**

教师充分利用自身特长，播放自己弹唱《渔歌子》的录音，让学生欣赏感受中华传统文化的美，并且发现古音与现代读音的差异。学生在感受古典诗词音乐美的同时，又潜移默化地接受了传统文化知识。课堂气氛活跃，充满着浓浓的语文味。

师：在预学时，你有不懂的字、词或句子吗？如果你对这个字或词不理解，会选择什么办法解决？

生："箬笠""蓑衣"这些词我不会，我是通过查字典的方式来解决的。

师：现在告诉大家，你解决了什么问题。

生："西塞山"在今浙江省湖州市的西面；"鳜鱼"是一种淡水鱼，味道鲜美；"箬笠"是用竹篾编织的斗笠；"蓑衣"是用草或棕制成的防雨用具。

师：给她掌声！有没有不用查字典就知道的问题答案？

生：《渔歌子》的下方就有注释。

师：打开课本，我们发现刚才那位同学查字典解决的问题的答案就在书上。所以，我们如果有问题就可以看书，看图片，看注释。

（出示图片——鳜鱼、蓑衣、箬笠）

师：鳜鱼什么样子？

生：黄色，有斑点。

师：箬笠是箬草做的。你怎么知道的？

生：它跟竹子长得很像。因为"箬笠"都有竹字头。

师:对,我们之前学过识字,含有竹字头的字都和什么有关系?

生:竹子。

师:"蓑衣"是用草或棕制成的防雨用具,所以是草字头。

师:古诗词当中的字、词很有意思,如果我们不懂,可以查字典、讨论、看图、看部首、对照注解,遇上不懂的地方做上记号。读书要有方法。

**【评】**

无论什么样的文体,一旦编入小学语文课本,都必须承担识字学词的任务,学习古诗词也不例外。丽云老师的字词教学没有满足于学生对生字词语意思的理解,而是进一步要求学生交流自学字词的方法。"不懂,可以查字典、讨论、看图、看部首、对照注解,遇上不懂的地方做上记号。读书要有方法",重在指导学生掌握学习字词的方法。这样的教学意识值得肯定。

**板块三**

师:我们来读词。首先要读正确,音读准确。

(生自由读《渔歌子》)

师:你们虽然把词读正确了,但还没有读出诗人的感觉。不过,没关系,先理解内容再读。所有的诗、词、文章,都要读出作家的所见、所闻、所思、所感。

师:好的词就像一幅画,这首词里面写了哪些景物,用你的笔在词中把它圈出来。

(生拿笔圈出词中所写景物)

师:词人在远处看见了——(西塞山、白鹭),词人在水中看见了——(桃花、流水、鳜鱼),词人自己也在画面中,他穿着——(青箬笠、绿蓑)衣,他身处环境是——斜风、细雨。

(根据生回答,出示《渔歌子》,圈出这些词)

师:作者写了几种景物?

生:九种景物——西塞山,白鹭、桃花、流水、鳜鱼、青箬笠、绿蓑衣、斜风、细雨。

（根据生回答，按词中的顺序出示相关图片）

师：如果黑板是一幅画，这九种景物应该怎么画？举例，作者首先看到西塞山，西塞山在上面还是下面？

生：上面。（师在黑板上面画西塞山）

师：白鹭呢，在哪里？

生：在山边。

师：好，就在山边写上两个字——白鹭。

师：会了吗？好，找四位同学出来分别写出四句中各自包含的景物。

（四名同学上台来在黑板上写出各句所包含景物）

师：台下同学在预学单上画一画。

（师巡视，并指导台下生由远及近画出九种景物）

师：我们一起来看看台上同学画的对不对？

师（手指黑板）：西塞山、白鹭、桃花、流水、鳜鱼。

师：请问，"青箬笠"会不会在"绿蓑衣"下面？

生：不会。

师：旁边是斜风、细雨，画的对不对？

生：对。

（黑板呈现一幅《渔歌子》美景图）

师：这是一幅怎样的画？（出示插图）

生：这是一幅风景画，我看到作者，还有斜风、细雨。

师：所画的内容是嘈杂，还是宁静？

生：宁静。

师：给你什么样的感觉？是舒服，还是吵闹？

生：舒服。

师：我们现在再来读诗词。诗词，是作者想要表达内心想法的作品，他的很多情感都是透过景物表达出来。（生再读）

师：这首词色彩明丽，你从字面上找到了哪些颜色？

生:白、青、绿。

师:还有哪些颜色藏在了字里行间,你一读就能想象出那景色的颜色呢?

生:桃花的粉色。

生:鳜鱼是黄色。

生:还有,细雨。

师:细雨什么色?

生:蓝色。

师:你们这里的雨是蓝色?(生大笑)

生:白色,透明的。

师:你刚才说的,蓝色的水应该是——(生:海水)

师:对,很好。比如,绿色的水可能是——(生:湖水)

生:天空是蓝色的。

生:西塞山是黄色的。

师:哦,是黄色,还是绿色的?

生:山上的土是黄色的,树是绿色的。

师:山上有树,所以说山是绿色的。

师:白的、绿的、红的、黄的,这些颜色给你什么感觉?

生:很冷。

师(疑惑,引导):什么时候给你冷的感觉?

生:下雪的时候。

师:雪是什么颜色?

生:白。

师:但是这里白的、绿的、红的、黄的,五颜六色。春天来了,给你什么感觉?
(师做春风拂面动作)

生:明亮、清新、温暖。

师:还会有冷的感觉吗?

生:没有了。

师:平常我们看到的画面大都是静止不动的,可是这幅画却非常独特——有些是静止的,有些是会动的。哪些是静的,哪些是动的?

生:白鹭、鳜鱼、斜风、细雨、流水是动的;西塞山、桃花不会动。

师:刚才同学说,西塞山、桃花不会动。有没有同学有不同的看法?

生:桃花是会动的。桃花的花瓣掉到湖面上,它是会动的。

师:他认为,风吹动桃花,花瓣掉到湖面上,这是动的。你是这样认为的吗?

生:我也认为桃花是动的,风一吹,桃花会动。

生:我觉得西塞山是动的。山上有树,风一吹,山上的树木就动起来。

师:想象你的座位是山,你就是树,风一吹,动起来。

(全体学生身躯扭动,做风吹树动的动作,开心的笑声传开来)

师:所以说,西塞山是静的还是动的?

生:有静有动。

师:这首词动静结合。西塞山本来是静的,风一吹,山上树木动起来就变成——动的了;桃花本是不动的,可是随风一吹——花瓣落到湖面上又是动的;箬笠、蓑衣是不动的,可是——随着渔翁的活动,又是动。所以,这首词的特点是——动静结合。说得真好!把掌声送给他。

师:读这首词,你听到哪些声音呢?

生:哗啦啦的流水声。

师:"哗啦啦"是大流水,小流水呢?

生:淅沥淅沥。

师:涓涓的流水声。

生:还有,斜风的声音?

师:什么声音?

生:呼呼——

师:那应该是北风在刮。(生笑)

生:白鹭的叫声。

生:鳜鱼跳起来拍打水面的声音。

师:是的,很好。你眼前出现了一幅怎样的画面? 请你用自己的话,讲给大家听。

生:我看到高大的西塞山,周围有许多白鹭悠闲地飞着。岸边有粉红色的桃花,河里有肥美的鳜鱼。一位渔翁穿着蓑衣,戴着箬笠,在慢慢地垂钓。旁边斜风细雨。景色很美!

师:太美了,把掌声送给他!(生鼓掌)

师:让我们把自己当作张志和,带大家走进这美景,让我们再来读这首词。

(生齐诵这首词)

**【评】**

板块三着力指导学生读懂这首词是如何描写这幅美丽画面的。教师从"写了哪些景物,写了哪些颜色,画面中哪些景物是静的、哪些景物是动的,以及你听到了什么声音"四个方面,引导学生细细品读,有声有色,有静有动,一层层读出这幅画面的立体感。研读这个板块的指导过程,我们可以充分体会到丽云老师文本解读功力的厚实以及教学设计的精心,真让人叹为观止!

**板块四**

师:请问关于这首词,你有没有什么问题? 读书贵在能质疑。

(生默默思考,但无人举手)。

师:那我问了。这首词写的是什么季节?(生:春天)你怎么知道的?

生:桃花。

师:春天的西塞山前应该有梨花,有李花,有杏花,可是却为什么要写桃花?

生:桃花是粉色的,在春天更和谐。

师:其实,作者是想表达一种心情。我刚说过了,词就是作者想表达所见、所闻、所思、所感,透过词是想表达一种情感。如,李白——"桃花流水窅然去,别有天地非人间"。

(出示:《山中答问》李白

问余何事栖碧山,

笑而不答心自闲。

桃花流水宵然去,

别有天地非人间。)

师:桃花随着流水悠悠地向远方流去,这里是别有洞天的,不是凡尘世界所能比拟的。有桃花流水的地方,不是人间,是神仙住的地方,这就是——(生:仙境)。桃花流水代表的也就是——(生:世外桃源)。换句话讲,在张志和的眼里,西塞山代表的是——(生:世外桃源)。既然是世外桃源,他想要回到人间去吗?(生:不想)

师:为什么西塞山前白鹭飞,而不是燕子飞、麻雀飞?(生笑)

师:作者想表达一种什么心情?白鹭飞给你一种什么感觉?

生:悠闲、洁白无瑕。

师:为什么写"斜风细雨不须归"?"归",是指回家吗?

(生思考)

师:这西塞山是仙境,那一边是现实人间。现实人间是什么?滚滚红尘。(生笑)

师:这里没有争斗,没有喧闹。如果你是张志和,你想不想回到人间?

生:不想。

师:作者的所思所感,藏在了这首词的哪几个字里?

生:"不须归"。(掌声)

师:带着这样的感情,再品读这首词。

(生读《渔歌子》)

师:"不须归",读慢一点。(生再读《渔歌子》)

【评】

读书贵在能质疑。读了这首词,你有没有什么问题?教师在这个板块里专门安排一个环节引导学生对这首词进行质疑,用心良好,然而全班学生却没有提出一个问题。我们分析一下教师预设的几个问题:"春天的西塞山前应该有梨花,有李花,有杏花,可是却为什么要写桃花?""为什么西塞山前白鹭飞,而不是燕子飞、麻雀飞?""为什么写'斜风细雨不须归'?"这些问题不单单涉及词的意思理解,还包含着词人情感的表达,意境的营造,以及古诗词中各种景和物比较固定的寓意或象征意义等非常复杂的问题。这对涉世不深、古诗文积累很少的小学生来说确实过于深奥。难怪学生一个问题都提不出,只能教师自拉自唱了。

师:张志和16岁就成名了,他的名字是皇上赐的,希望他心智平和。《渔歌子》就是写张志和在西塞山享受世外桃源的生活的。他的哥哥张松龄,怕弟弟不回家,担心他住在太湖畔不回来,于是写了一首词劝他回家。

(出示:《和答弟志和渔父歌》张松龄

乐是风波钓是闲,

草堂松径已胜攀。

太湖水,洞庭山,

狂风浪起且须还。)

师:垂钓只是一种休闲,其实喜欢的是自然山水。太湖的水、洞庭的山都是美景,但是狂风吹起大浪的时候你就应该回家了。

师:张志和想不想回?!

生:不想。

师:所以他写下——(生:"西塞山前白鹭飞,桃花流水鳜鱼肥。青箬笠,绿蓑衣,斜风细雨不须归。")

师:现在,老师当哥哥,你们是张志和。弟弟啊!"太湖水,洞庭山,狂风浪起且须还。"

生:"青箬笠,绿蓑衣,斜风细雨不须归。"

师:"狂风浪起且须还。"

生:"斜风细雨不须归!"

师:"且须还!"

生:"不须归!"

师:"且须还！且须还！且须还！"

生(急切,齐声):"不须归！不须归！不须归！"

师(笑):读得太快了,应该是:"不——须——归——,"才能表达他悠闲、与世无争的心境。(生跟读)

师:看来张志和是真的不想回去了,于是,他的另一哥哥就在太湖边给张志和盖了一间茅草屋。

师:说一个小秘密:张志和喜欢垂钓,但是,他钓鱼却与众不同——鱼钩上从来不设诱饵！为什么呢,他想钓的是鱼吗?

生:不是。

师:(走到一名学生身边)请问,张志和,你想钓的是什么?

生:悠闲。

师:(走到另一名学生身边)请问,张志和,你想钓的是什么?

生:心情。

师:所谓"醉翁之意不在酒,在乎山水之间"。而张志和是:渔翁之意不在——(生:鱼),在乎——(生:自己的心情)。

师:从此以后,张志和打开窗子,映入眼帘的是什么景色?

生:西塞山前白鹭飞,桃花流水鳜鱼肥。青箬笠——

师:哦,他看自己吗? 所以,读前两句就好。打开门,走出去看见什么样的景色?

生:西塞山前白鹭飞,桃花流水鳜鱼肥。

师:从此,张志和过上了什么样的日子呢?

生:青箬笠,绿蓑衣,斜风细雨不须归。

师:好的诗词是一幅画,也是一首歌。我们一起来唱一唱《渔歌子》。

(播放《渔歌子》录音,生跟唱)

## 【评】

学生读懂词意相对比较容易,难的是读懂词人的内心情感,也就是学生开始说的中心思想。丽云老师分两个层次引导学生去解读:先是通过一连串的问题,然后出示张松龄的一首和词,引导学生真切体会词人寄情山水、享受悠闲的内心情感。特别是创设了一个兄弟唱和的情境,既活跃了课堂气氛,又让学生产生一种身临其境的感觉。这样的设计妙不可言,真有创意。

**板块五**

师:假如你来到浙江湖州,你一定会看哪座山?(西塞山)

来到西塞山你一定会想起一个人?(张志和)

想到张志和你一定会情不自禁地想吟诵一首词。(《渔歌子》)

师:《渔歌子》甚至流传到日本,当时日本天皇、皇亲国戚、学者名流纷纷仿效《渔歌子》,从此日本一些喜爱中国诗歌的人也开始学着填词。连苏东坡、徐俯都学习这首词——

(出示:《浣溪沙·西塞山边白鹭飞》苏轼

西塞山边白鹭飞。

散花洲外片帆微。

桃花流水鳜鱼肥。

自庇一身青箬笠,

相随到处绿蓑衣。

斜风细雨不须归。

《鹧鸪天》徐俯

西塞山前白鹭飞,

桃花流水鳜鱼肥。

朝廷若觅元真子,

晴在长江理钓丝。)

师:这些词的前一句都是——(生:西塞山边白鹭飞)。

师:今天这堂课,你们学到了什么?L(What do I think I will learn)。没跟老师说过话的举手。

生:我学到了张志和通过这首词表达的轻松的心情。

师:对,作家的心情可以通过景物描写出来。

生:张志和写这首词充满了悠闲自在的感觉。

生:"不须归"写出了作者不想回到人间

师(微笑):想留在世外桃源——西塞山。

生:我知道了诗意和字义,感觉到了作者很悠闲。

师:说得很好。《渔歌子》还有四首,这是其中的一首。有兴趣的同学可以找来读一读,学一学。

师:感谢同学们的陪伴。下课。

【评】

最后又回到了"KWL"的学习方法,总结这堂课的收获。前后呼应,整体感很强。教师在最后补充了苏轼和徐俯的两首诗,让学生进一步认识《渔歌子》的历史影响和文化价值,对激发学生阅读古诗词的兴趣很有好处。

【总评】

这是一堂非常精彩的古诗词教学课,展现了丽云老师精湛的教学艺术、先进的教育教学理念,以及深厚的古诗词文化功底。在 40 分钟一节课里教学短短的一首《渔歌子》,仅 27 个字,要让学生正确朗读背诵,从字面浅层次地读懂词的大意,其实并不困难,一般语文教师都能做得到。但是让学生透过字面深入体会词的意境,感受诗人丰富的内心情感,却有一定的难度;如果要通过一首词的教学,让学生掌握古诗词阅读的方法,更大程度地接受中华文化熏陶,激发阅读古诗词的兴趣,那就相当不容易了。然而丽云老师却做到了。

这堂课学生在老师的引导下,不仅仅读懂了这首词描绘的美丽画面,而且亲身实践了有效的古诗词学习方法。"读任何书一定要有方法,不是打开就读的","读任何书都可以用 KWL 的方法"。丽云老师就是按照这样的顺序,一步步指导学生来学习这首词的。学生不仅读懂了词意和词人的情感,还通过亲身实践对这个学习方法有了初步的认识和体会。丽云老师教学生字词也没有满足于学生对字词意思的理解,而是追究学生自学字词的方法。如何真正读懂古诗词,读出古诗词的味道,丽云老师领着学生从景物、颜色、景物的静态和动态,以及听到的声音四个方面,读出这幅画面的立体感,整个过程渗透着欣赏古诗词的方法指导。俗话说,"教是为了不教","授之以鱼,不如授之以渔"。引导学生学会方法,是教学的最高境界,丽云老师追求的就是这样一种教学的最高境界。

短短 40 分钟一堂课,学习短短的 27 个字的一首词,怎样让学生充分感受中华文化的博大精深,怎样扩大并提升一堂课的文化含量?丽云老师的这堂课也交出了一份漂亮的答卷。这堂课教的是一首词,然而学生在整堂课里读到的足足有 9 首诗词。教师在课前谈话时就引出了三首脍炙人口的古诗,把学生带进了富含诗意的学习氛围之中;在学习过程中,教师又巧妙地结合教学内容引出了《送孟浩然之广陵》、李白的《山中答问》、张松龄的《和答弟志和渔父歌》三首古诗,或帮助学生认识诗和词的差异,或引导学生深入体会作品的内在思想情感;结束之前又打出了苏轼和徐俯与《渔歌子》有关的两首诗,让学生进一步认识《渔歌子》的历史影响和文化价值。引用的每首诗都有实实在在的意义,不是为引用而引用。结合《渔歌子》这首词的学习,教师还非常自然地让学生认识了诗和词的不同特点,发现古时读音与现代读音的差异,还利用听录音、齐唱《渔歌子》,让学生在生动活泼的形式中感受中华传统文化的美,潜移默化地接受了传统文化知识。这些精心设计,极大地提高了这堂课的文化含量。

听完这堂课,我还深深感受到教师的文化底蕴对提高学生人文素养的重大影响,对提升语文课堂教学有效性所能发挥的重要作用。课堂里教师对引用的古典诗词烂熟于心,脱口而出。而且每次引用都是那么精当,比如引用张松龄的《和答弟志和渔父歌》真令人拍案叫绝。如果胸中没有大量古典诗词的积累,很难这样信手拈来。丽云老师对中华传统文化也有很高的造诣。尽管教学的只是一首仅 27 字的短词,但是所涉及的文化知识外延很是广泛,有关诗和词的区别,长短句的词牌、词的押韵、词和曲的关系,还有古诗词如何解读欣赏,等等。如果没有比较广博的文化积淀,课堂内很难做到挥洒自如,随心所欲。正所谓"腹有诗书气自华",丽云老师课堂内优雅的举止、亲切的话语、自信的态度,无不透露出一位优秀语文教师良好的文化修养。她课前用琴弹唱的《渔歌子》,课堂里播放录音带着学生齐唱《渔歌子》,不仅增添了课堂活跃的气氛,而且深深地感染并影响着学生。

当然这堂课也有值得商榷的地方。我在前面的评语中两次对教师设计的学生质疑环节进行过批评。这堂课的一个重点是指导学生认识并实践"KWL"学习方法。可以讨论的是第二步 W"你还想知道什么",从课堂实录看教师的指导很不理想。学生想知道的"什么"与老师预设的"什么"有着很大的差异。老师希望学生提出张志和为什么"不须归",这首词为什么不写其他的花而是写桃花,为什么不写燕子飞、麻雀飞等问题,然而这些全班学生一个都没有提出来。什么原因?其实道理很简单,就是因为超越了小学生的实际水平。学生对古诗词文化知识刚处于最初始的积累阶段,要求他们能够像教师那样思考一些高层次的问题是很不现实的,所以只能是教师一人自拉自唱。当然教师用意是好的,希望引起学生更加深入的思考,但是这不是学一首词就能达成的。即使学生听懂了教师提出的这些问题,但真正要他们能像教师这样思考,还有待时日。这需要学生大量阅读,需要日积月累,还需要学生认知水平的不断提高和生活经验的逐渐丰富。这些都不是一蹴而就的。我们需要研究的是,这一年龄段的小学生学古诗词学什么更加有效,更能够接近他们的"最近发展区"?我认为最有效的是大量阅读并积累古诗词,所谓"操千曲而后晓声,观千剑而后识器"。这堂课里教师引用了大量的古诗词,如果教师有意识鼓励学生自己去读熟甚至背出其中的几首,将有限的教学时间更多地花在古诗词的诵读积累上,是否对提升学生的文化素养更加有效?当然这样上课对听课者来说可能会失去一些精彩,但是对学生而言应该更加实用。

# 三年级《金色的草地》

执教者：[中国台湾] 黄秀精

## 【教学过程】

师：各位小朋友大家好！我是来自台湾新北市丽林小学的黄秀精老师。班上的小朋友，这是我任教的城堡小学，很美吧？（投影展示学校景色）

师：你看，校门口一座蓝鲸，仿佛正要游向大海。黄老师最自豪的，是这一条通往学校的梦幻的行道树。路上栽种的台湾栾树，在秋天会开出鹅黄色的花朵，亮闪闪的。我每天走着走着，好像走进秋天的童话里。有一天，学生告诉我，老师，行道树上的花朵变了颜色，接着又有学生告诉我说，这不是花。这一条路我走来走去走了十多年，很少去仔细观察，这个胭脂红的花瓣其实是台湾栾树的蒴果。

师：这个蒴果，外形像是灯笼，里面躲了6颗小种子，我站在树下望着，感觉真是太神奇了！

原来在大自然中充满了神奇，只是我们缺乏细心观察，很少去感知。经过这么多年，那一刻，我才发现，我们真的要停下脚步，好好观察周围有什么变化。

你们有到过台湾吗？有机会到台湾时，黄老师和你一起走进美丽的秋天童话里。接下来，我们带着这样的心情，走进今天的课堂。

## 【评】

三分钟的课前谈话，教师介绍了自己学校校园内外的景色，其实是通过自己的亲身体验，让学生明白认真观察周边事物的重要性，为达成这堂课的教学目标做好准备。

师：请念标题。

生：《金色的草地》。

师：念得更有力一点。

生：(大声念)《金色的草地》。

师：太棒了！你们觉得标题强调什么？

生：我觉得是要强调金色。

师：你觉得草地都是金色的吗？

生：不，我们平常看到的草地通常是绿色的。

师：谢谢你的观察。你们都已经读过三遍课文了，同时也把不懂的字词都查出来了，也了解课文的意思。你们看过到的草地是不是这样？

(投影金黄色的蒲公英图片)

师：金色的草地，其实是指什么？

生：蒲公英。

师：是的，谢谢你。这一课主要描述的是蒲公英，主要描述蒲公英的什么呢？

(出示课件图片)

## 读懂内容

**作者从哪件事发现蒲公英的变化？**

师：作者从哪件事发现了蒲公英的变化？请拿起笔，在课文标示自然段1、2、3、4，等一下讨论时，就比较清楚老师说的是哪个段落。

(生标示课文)

师：谁能回答，作者是从哪件事情发现蒲公英的变化？

生：第3段。我发现课文里面讲早上是绿色的，中午是金色的，傍晚又是绿色的。

师:我是请教大家,作者是从哪件事情发现的? 平常都没有发现呢!

生:他起得很早,去钓鱼。

师:跟平常的日子不一样,所以他发现草地不同的颜色。

(展示两张蒲公英一开、一合的图片)

师:现在,老师给大家一个挑战题。请大家看第3段,找一找作者他是怎么发现蒲公英变化的? 发现之后,他做了什么? 拿起笔,找一找,把段落里作者观察蒲公英的几个时间圈起来。注意喔! 有些时间讯息藏在段落里面。

(师来回巡视)

师:哪些时间? 谁找到了?

生:早上、中午、傍晚。

(师请学生上台写)

师:我们把画面挪到这边。按照图的位置写上时间。按照顺序写下来。

(生在画面上写出早、中、晚)

师:接下来,从课文里按照顺序找找看,作者看到了什么颜色? 找到的人请举手。

生:早上是绿色的,中午是金色的,傍晚又变回绿色的。

师:请你上台写看到的颜色。

(生上台书写:绿色  金色  绿色)

师:你们找到的答案和他一样吗? 第三个任务。作者看到的蒲公英样子有什么不一样?

生:早上的时候是合拢的,中午的时候是张开的,傍晚的时候又是合拢的。

(生上台写:合拢—张开—合拢)

**【评】**

教师从观察蒲公英的时间、蒲公英的颜色和样子三个方面,让学生用板书整理出找到的信息,既检查了学生是否读懂课文,又为后面的说话做好内容上的准备。花时不多,效率很高。

师：这位小朋友一笔一画写得好认真。我们从段落里找到的讯息，可不可以按照顺序把这些内容串成一段话？

（教师出示课件）

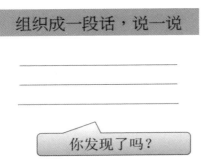

组织成一段话，说一说

你发现了吗？

师：现在请小朋友同桌说话，你说给我听，我说给你听，彼此修正。等一下再请小朋友上台发表。给你们1分钟的时间。

（生热烈讨论）

生：（上台）早上他去钓鱼，发现蒲公英是绿色的，仔细观察发现它是合拢的。中午发现草地又变成金色的了，细心观察知道蒲公英是张开的。晚上的时候草又是绿色的，蒲公英又合拢了。

师：小朋友们，我们把这些讯息串成一段话，你们发现了什么？黄老师想把这个发现的乐趣交还给你们。

生：我发现，每一行它都是同样的顺序。

师：按照时间、颜色、样子这样的顺序说，有怎样的作用呢？

生：这样不会一下提到这个，一下子提到那一个。

师：你的意思是这样比较有条理，是吗？这样串起来比较有条理，比较有规律。这一段话还可以加上什么标点符号，念起来有怎样的感受？

生：比较通顺。

师：你可以念念看吗？

生：早上草地是绿色的，因为蒲公英的花是合拢的；中午草地是金色的，因为蒲公英的花是张开的；晚上又变回绿色的了，因为花瓣又合上了。

师：我们发现这样念起来有规律，有韵律感。

（有生举手，师问有什么意见）

生：这样念起来应该是神奇的，因为它为什么要早上是合拢的，中午是张开的，晚上又合拢咧。

师：哇，这位同学发现了神奇的地方！

【评】

这里教师设计了一个口头表达练习，要求学生根据板书内容连起来说一段话。因为有板书的提示，所以学生说话难度不高。通过说话，学生可以对课文内容有非常清晰的理解。教师指导过程非常合理，先同桌互说，相互纠正，然后再全班发表，共同评价。这样就使得每一个学生都有说话的机会。

师：想请大家试一试，如果我给你两张图片，（教师展示课件——两张图片）请你仔细地观察，有变化吗？

师：作者观察蒲公英变化时，看到时间、颜色还有形状的变化。按照这种方式说这段话。（教师出示课件：两段话）

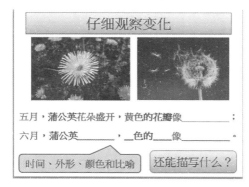

师：按照我们学过的方法，顺序排列完成有韵律的句子。

（师发下学习单，生安静书写）

师：完成的人请举手。

（师点选几名同学上台）

师：听听这几位小朋友的内容。

生1：五月蒲公英花朵盛开，黄色的花瓣像黄黄的笑脸；六月，蒲公英起飞了，白色的种子像小小的伞。

师：为什么你会觉得它像是小小的伞？

生1：因为蒲公英的绒毛是展开的，像是雨伞。

生2：五月，蒲公英的花朵盛开，黄色的花瓣像一条条薯条；六月，蒲公英种子盛开，白色的种子像一个个小飞机。

师："一个个"小飞机？你可以修正一下吗？

生2："一架架"小飞机。

生3：五月，蒲公英花朵盛开，黄色的花瓣像一个个小太阳；六月，蒲公英要去寻找新家，白色的种子像一个个小伞。

师：要去寻找新家？哇，你怎么能想出这样棒的句子？

生3：因为我平常看的书里面就有记录，蒲公英种子飞到世界各地去寻找新家。

师：太棒了，平常能多研读，再发挥想象力。

【评】

这次教师设计的是一个观察写话。要求学生先仔细观察，然后根据提示写出蒲公英的变化。与前面的说话练习相呼应，从说到写，难度适当提高，练习设计意图很好。可以讨论的是这次表达练习的重心其实被悄悄转移为怎样比喻。由于前面对如何恰当比喻没有进行指导，所以学生的比喻都不很恰当，"黄色的花瓣像黄黄的笑脸""黄色的花瓣像一个个小太阳"，花瓣怎么会像笑脸、小太阳呢？"黄色的花瓣像一条条薯条"，比喻正确，但缺少美感。其实这次写话练习如果延续前一次说话"按顺序、有条理"的要求,效果会更好。

师:接下来,再给大家一个挑战的任务。刚刚我们观察蒲公英变化时,发现有哪些变化? 第一个是时间。

生:颜色的变化。

生:外形的变化。

师:我们怎么这么心有灵犀啊! 还有哪些变化? 还可以加上什么?

生:我觉得还可以加上一些比喻。

(展示课件,出现比喻)

师:喔,我们已心灵相通了。还有吗?

师:你们也可以加上自己的感受。除此之外,有想象力的小朋友,可以依循着如此模式加上不一样的地方。

师:现在,我们每个人都变成小小观察家。

(师揭示课件)

师:现在老师不说图片里面有什么,你可以运用刚刚找出来的讯息,动动脑。我们分组讨论。

（师引导四人一组讨论）

师：仔细观察，哪里不一样？小组写一段话。给你们几分钟讨论，每个人都要发言。

（全班热烈讨论）

【评】

这两幅图提供了两个不同时间段里天空和大地（群山）的不同景色，画面选择很不错，与前面的观察说话、观察写话相吻合。由于画面内涵的信息量很大，难度远超前一次观察写话，所以教师以四人小组方式组织学生进行合作学习，先观察讨论，然后再全班交流，是比较合适的。学生通过共同体讨论学习，能够相互启发形成互补，大大降低观察说话难度。

师：运用刚刚学过的方式，串成一段话。

师：现在我们听听这一组发表。

生（第一组）：清晨，整个城市像是披上蓝色的轻纱，树啊，房子啊，都看不清了；中午，金色的阳光洒满大地，地上所有的东西都被染成金色的了。

师：你对照的是清晨和中午，是吗？

生：是。

生（第二组）：雪白雪白的云，像一只可爱的小狗蹦蹦跳跳；傍晚，一朵朵白云像凶狠霸气的老鹰，在天上飞来飞去。

师：雪白雪白的云，是在什么时间出现呀？

生：早上。

师：那么，你可以加上"早上"这个词，对不对？

师：哇，其他小朋友也好想发表，可惜时间真的不够，大家把讨论的内容完成后，再请班主任张贴在教室，大家一起欣赏、观摩、讨论，好不好？

生：好！

【评】

学生当堂写话，当场发表，教师即时点评，这样设计指导过程可以取得很好的效果。两名交流的学生都是按照时间、颜色、样子变化的顺序来表达的，第二组学生还运用了比喻,体现了教师指导的有效性。可惜时间太少,所以教师采用事后在教室里张贴的方法来弥补,表达了教师对学生学习成果的尊重,教师的这种意识很值得称道。

师:今天非常高兴和三年二班的小朋友一起讨论研究怎样把变化的细节找出来,还运用你们的想象力完成句子。非常感谢你们,我们下课喽!

## 【总评】

多次听台湾老师上语文课,感觉和大陆老师上语文课有较大的区别。同样教一篇课文,大陆老师往往花大量时间讲读课文思想内容,重在对课文思想内容的深入理解;台湾老师往往是以课文为例,指导学生学习阅读或表达的方法策略。黄秀精老师上的这堂课非常鲜明地体现出这个特点。研读这个课例我们可以发现,这堂课用于课文内容理解的时间不到10分钟,就是一开始引导学生读第3段,发现蒲公英在不同时间里颜色、样子的变化。这个环节一是可以检查学生是否读懂课文,二是为后面的说话做好内容上的准备。这堂课的主要时间是指导学生在观察的基础上完成三个表达练习:第一个是看图说话,从蒲公英开花的时间、蒲公英的颜色和样子三个方面说一段话;接着是观察两幅图,写出蒲公英在不同时间里颜色、样子的变化;最后观察两幅风景图,以共同体学习方式写出不同时间里天空大地的不同颜色和样子的变化。其实《金色的草地》这篇课文内容浅显,学生预习时读几遍完全可以理解,因此老师仅花了很少时间引导学生根据课文内容整理信息,其教学重点是放在指导学生观察并说话写话,利用课文设计多种情境训练学生表达能力。我们都知道课文只是例子,语文课应该用课文教学生学阅读,学写作。黄老师的这堂课正确地把握住了语文课的这个特点。这样的教学思想是值得大陆老师学习的。

这堂课的教学目标非常清晰:一是引导学生认真仔细观察;二是整理观察到的信息,按顺序有条理地说话写话。整堂课就是按照这两条教学目标展开设计。教师从课前谈话开始,就结合自己的经验提出了认真细心观察的重要性;然后围绕按顺序、有条理地说话写话的目标,分三个层次设计教学过程。每次表达练习都是从观察入手,第一次是整理信息说一段话,第二次是观察两幅图写话,最后是观察两幅风景图,分小组写天空大地颜色和样子的变化。三次练习从观察说话到观察写话,由浅入深,从易到难,目标集中,层次清楚,逻辑性很强。

语文课当然要培养学生的观察能力,但观察能力的培养不是语文课一课独担的工作,美术课、常识课甚至数学课都需要培养学生观察能力。语文课里学生的观察要和听说读写能力培养有机地融合,要体现出语文课的特点。黄老师的这堂课,很好地将观察能力培养与学生的说话写话训练有机地结合在一起。教师出示蒲公英的图画,要求学生认真观察,主要是为接下来的写话准备信息、提供材料的;教师要求学生观察清晨和傍晚天空、大地的不同景象,也是为接下来小组写话练习提供内容的,其最终目标落实在学生的表达能力培养上。因此指导学生观察,就不是为观察而观察,而是将重点聚焦在表达能力的培养上。这样的教学设计更能体现出语文课程特点。

可以讨论的是这堂课的三次表达练习如何设计可以获得更好的教学效果。仔细分析这三个表达练习我们可以发现,第一个练习的要求是按顺序、有条理地说话,引导学生句子表达的通顺连贯,这是小学生表达的基本要求,教师指导非常有效。但是第二次表达练习重心转移到了怎样用好比喻,由于教师没有进行指导,所以学生写出的比喻都不很恰当,学生交流时也没有更多时间进行讨论。第三次分小组写话,要求学生写出天空和大地(群山)的不同景色,由于画面内涵的信息量很大,再加上要求学生加上比喻,运用想象,难度进一步提高了。这三次表达练习在观察要求上一脉相承,比较合理;但是在说话写话要求上前后坡度过大,特别是要求运用比喻,会给学生造成较大困难。如果将三次练习的要求都定为"按顺序、有条理"地表达,并且后两次表达在内容上给学生一些提示,比如"五月,蒲公英的花朵(        ),六月蒲公英的种子(        )","早上,天空(        ),大地(        );傍晚,天空(        ),大地(        )",要求学生从颜色、样子等方面分别写一段话。学生可以用比喻,也可以不用比喻。这样不仅可以给学生说话留下更充分的想象空间,也能将学生的注意力集中在表达的顺序和连贯上,效果是否会更好?这个建议不一定正确,供黄老师参考,也请各位老师批评指正。

# 五年级语文课《岁暮》

近年来不断有台湾教师到大陆来上语文课。台湾教师生动活泼的课堂教学风格、凸显学生主体和师生平等的教学理念,让大陆同行感到新鲜,为大陆语文教坛带来一股别样的清新空气。然而我们看到的往往是台湾教师上的一节课,单凭一节课来判断台湾的语文教学,得出的结论难免会有盲人摸象之嫌。台湾教师教学一篇课文完整的过程是怎样的,大陆教师一般很少了解。因此我们很有必要通过具体课例的研究,来完整深入地认识台湾语文课教学。下面这个课例辑录于台中师范学院陈弘昌博士编著的《小学语文科教学研究》,是供台湾师范生研读阅读教学过程和方法的,应该是一个带有示范性的课例。只是这本书出版时间比较久远,研读这个课例,我们看到的也许是 20 世纪 90 年代台湾语文课堂教学的状况。

## 语文第九册 18 课《岁暮》教学设计

**【教学过程】**

**一、准备活动**

教师:

1. 搜集有关描述家庭温暖的图片、童诗作品,公开展览于教室内,供学生阅读。

2. 准备生字词卡片及课文大意、段落大意、纲要和内容形式深究句词牌或投影片。

学生:

1. 预习本单元之课文大意、生字、新词解释等,并分组交流。

2. 阅读有关描述家庭温暖的童诗作品及读物。

3. 搜集有关的图片实物。

## 二、发展活动

1. 辅导默读,概览课文,教师行间巡视,并检视预习成果。

2. 试说大意。

(1) 辅导学生根据下列提示,回答问题。

本课描写的"人"在做什么?

本课描写的"人"想起什么?

本课描写的"人"结果如何?

(2) 综合归纳大意。

(3) 将课文大意公布于黑板上。

3. 研讨新词、生字。

(1) 课前准备时,已将学生分成三组,就课文三大段,将大意、新词、生字一同预习准备并提出报告。

各组组长轮流上台,将准备好的词牌,展示于黑板上,并加以解释说明。

说明内容包括该新词之字音、字义,并能应用,造出短句。

其他学生提出问题或补充意见。

(2) 提出新字。

全课生词解释完后,由学生就生词中提出新字,并讨论部首。

由教师范读及分析新字的结构,尤其"左宽右窄",如"刺"字。

教师指导笔画及笔顺。

教师范写笔顺,并由学生报笔顺。

辅导学生书写习作课文大意及新词栏,教师在旁督导。

选出数名中、下程度及较易写错别字的学生,上黑板习写,由老师加以指导订正。

老师抽点每排一至二名学生,当场给予批改订正。

辅导学生共同批改订正新词。

—第一节结束—

4. 内容深究

(1) 朗读课文。

采用分组、个别等方式,将课文朗读一遍。

(2) 辅导学生深究本课含义。

旅客为什么要在寒风冷雨下赶路回家?

在寒风冷雨下赶路,有哪些感受?

还乡的旅客,在寒风冷雨下,为什么心里感到温暖起来?

心里的炉火为什么能赶走寒意?

你看了这一课,你有什么感想?

(3) 辅导学生归纳本课主旨。

本课主旨:由课文体会描写冬天的情景,使我们知道爱自己的家。

5. 课文形式深究

本课体裁:诗歌体。

本课段落大意:如教材分析。

本课纲要:如教材分析。

课本习作习写及批改订正。

—第二节结束—

6. 课文特色欣赏

(1) 体裁特色。

这是一首音韵十足押 Y(a) 韵的新体诗。

"下、家、花、打、扎、发、颊、麻、踏、挂、茶、话、化、怕"都是 Y(a) 韵的字,使整篇深刻、有力。

(2) 结构特色。

起——寒风冷雨中赶路。

承——赶路之艰辛孤寂。

转——想到家的温暖。

合——不惧风雨,勇往直前。

先写寒冬赶路回家的旅客,身受寒冷之苦,再写家的温暖把冬天的寒意赶走。由外在的情景开始描述,再拓展到内心的感受。

(3)课文开头、结尾的特色。

开头是寒风冷雨,结尾是不怕风雨,前后呼应。

(4)本课语词的特色(如教材分析)。

形容用词。

反复手法。

叠字的应用。

排比句的应用。

7. 语句练习

(1)词句分类:从课文里找出两种句子。

描述情景的句子。

描述心情的句子。

(2)练习写诗句。

原文:寒风呼呼的吹,

　　　冷雨飕飕的下。

　　　一个返乡的旅客,

　　　急急的赶路回家。

例句:微风轻轻的吹,

　　　细雨丝丝的飘。

　　　两个上学的学生,

　　　匆匆的走路到校。

原文:这时候,妈妈正提着灯火

　　　站在那矮矮的屋檐下,欢迎他回家。

例句:那时候,老师正举着旗子,站在那高高的司令台上。

(3) 练习国语习作第六、七项作业。

—第三节结束—

### 三、综合活动

8. 说话指导

(1) 阅读指导。

(2) 辅导学生阅读语文习作之辅助教材《寒流》,并发表读后感想。

(3) 练习报告。

辅导学生以自己的经验,报告冬季的各种生活情趣。

冬季的情景:冬季的天气,冬季的景色,自己的感受。

冬季的活动:回忆以前的活动、最有趣的活动,家里最有情趣的事,冬季的经验。

—第四节结束—

9. 作文指导

(1) 配合说话课,将报告口述的内容笔述为作文的内容。

(2) 模仿课文形式及写作技巧,例如形容用词、反复、叠字、排比等,写出冬天的情景。

(3) 注意优美词句的运用,但也注意内容和情节强调创新,不抄袭。

(4) 各自习写、创作,教师辅导。

(5) 欣赏及订正,共同研讨。

—第五节结束—

10. 写字指导

(1) 指导毛笔的运用:执笔,磨墨,运笔。

(2) 老师提示范字。

(3) 共同讨论。

(4) 各自书写。

（5）收集批改。

11. 综合整理

（1）课文朗读。

（2）习作内容提示，并辅导于作业指导时间写作。

—第六课结束—

**【总评】**

20 世纪 90 年代台湾的课程标准规定小学语文科教学采用混合教学。所谓混合教学，即在教学过程中，为适应儿童语言发展的顺序，要达到教学目标的要求并合乎教材性质的需要，将教学价值不同、教材分量不等的说话、读书、作文、写字四项作业活动，以读书为核心，做有系统、有计划、有步骤的安排，使说、读、写、作能调和起来施教的教学方式。

表面看，台湾混合教学的方式与大陆语文教学以课文阅读为核心、在阅读过程中有机地结合课文进行听说读写语文技能和语文知识教学的路向基本一致，但是在具体的操作方法和课时安排上却表现出比较大的差异。

台湾小学语文课教学过程大致由三个板块组成：第一是准备活动，提出教师和学生事先需要做的准备工作，这一板块与大陆阅读教学中的预习大致相当；第二是发展活动，主要用于新课传授，包括生字新词教学，课文内容、课文形式深究、课文写作特色的欣赏，等等，这一板块与大陆阅读教学中讲读课文各环节也大致相当；第三为综合活动，占三个课时，说话指导、习作指导和写字指导各占一课时，这一板块在大陆语文课中找不到对应的环节。大陆阅读课虽然也有练习环节，但练习所涉及的领域以及练习所占的时间与台湾的综合活动不能相提并论。课例中学生综合性实践活动有 3 个课时，占了整篇课文教学课时数的一半，这就使得语文课上学生说话、写作等实践活动有了时间上的保证。结合课例中的课时安排，我们可以发现台湾语文教学在课文内容及形式的深究方面，所用的时间绝对比我们要多，而且在课文形式和写作特色欣赏方面，挖掘得比我们还要深；特别是在特色欣赏方面比我们更加细腻。但由于辟出了 50%

的课时专门用于学生说话、写作和书写练习,因此教师能够较好地做到混合教学中学生听说读写技能的均衡培养,从而体现混合教学的优势。

课例《岁暮》整堂课安排为6个课时,前3个课时主要用于字词教学和课文内容及形式的解读。其教法和大陆阅读课教学十分相似。只是其教学环节安排和每个环节目标非常清晰,字词教学就是字词教学,内容深究就是内容深究,特色欣赏就是特色欣赏。虽然教学环节设计有些刻板,按部就班,但是每节课的重点非常突出,想必在实际的教学中教师比较容易把握。比如第一节课的字词教学,要求学生课前预习,课中分小组合作学习,然后各组组长轮流上台,"将准备好之词牌,展示于黑板上,并加以解释说明",包括"该新词之字音、字义,并能应用,造出短句,其他儿童提出问题或补充意见"。任务明确,教学中可以明显体现学生自主、合作学习的理念。生字指导过程也朴实有效,教师具体指导结合学生书写,并当场批改订正,显得非常扎实。第二课时教学重点是课文内容和形式的深究,在内容方面做怎样的深究,在形式方面做怎样的深究,教师用书上都给出了较详细的说明,这样有利于控制深究的内容和范围,一定程度上可以避免教师的过度指导和漫无边际的发挥。第三课时课文特色欣赏一般都是从体裁、结构、开头结尾、词语、句子等方面对课文进行全方位的欣赏,这是台湾语文教学最有特色也是最值得商榷的环节之一。台湾小学语文教育学会理事长赵镜中曾对台湾阅读教学多年来"一直过度钻研字义,老师习惯向学生进行单向灌输"的现象做过批评。从台湾的教师用书看,每篇课文都是从"起承转合"进行结构分析,确实显得繁琐;每篇课文都要对词句特色诸如"形容用词、反复、叠字、排比"等做面面俱到的指导,其科学性和合理性也令人怀疑。然而值得注意的是,这些分析和欣赏范围都没有超出语文学科的边际,都限定在语文教学范围之内,特别是欣赏之后安排的"语句练习",让学生从课文里找出"描述情景的句子"和"描述心情的句子",让学生根据例句"练习写诗句",有利于学生语言的积累和运用,对发展儿童语言能够起到积极的作用。

我最感兴趣也是最关注的是课例中第三板块——实践活动。台湾语文课的混合教学和大陆语文课以"阅读为核心"综合进行听说读写教学的课堂教学形态十分相似。这种语文课形态在教学中往往会将"教课文"作为教学的主线，将深究课文思想内容作为教学的刚性任务，而语文知识教学和技能训练往往作为阅读的附加而容易遭边缘化。其实听说读写在语文课程中的地位应该是并列的，而在"阅读为核心"教学形态主导下的语文课堂内，"读"的教学呈强势或超强势，听、说、写须服从"读"，其轻重取舍均受制于"读"。因此，如何协调处理听说读写的位置，如何保证说话、表达的教学内容和教学时间，是以"阅读为核心"的教学形态主导下的语文课堂必须解决的一个重要问题。课例《岁暮》为我们提供了解决这个问题的思路——即在课堂内辟出 50% 的课时专门用于说话、写作和书写等实践活动。

台湾语文课的说话教学的方式主要是会话、讲故事、生活报告、生活研讨、演说、辩论、表演游戏等。说话的内容和主题是根据课文生成的，比如上述课例中安排的说话练习有两项，一是"阅读辅助教材《寒流》，并发表读后感想"；二是结合自己的经验"报告冬季的各种生活情趣"，比如冬季的情景、冬季的活动，等等。台湾语文课每篇课文安排一节专门的说话指导课，现行版本语文教材一般有课文 16 篇，也就是说每个学期有 16 节课专门用于说话指导。

台湾语文课的写作练习与说话课紧密配合，就是将说话课中口述的内容笔述为书面作文。在写作过程中既引导学生"模仿课文形式及写作技巧，例如形容用词、反复、叠字、排比等"，注意课文中优美词句的运用，也注意强调内容和情节创新，不抄袭。结合课文的写作练习与一般作文课的写作练习在教学目标是不同的：首先，习作的内容由课文内容和主题生成，一般不要求学生独立选材，在写作材料方面不提太高的要求；其次，关注的是课文中学到的语言知识和优美语言的运用，不仅能扩大学生的语言积累量，也有利于学生在实践中深刻理解学过的语文知识和表达形式。这类习作练习体现了读与写的结合，可以更加充分地发挥阅读课文对学生表达的示范作用。据陈弘昌博士介绍，结合课文的写作指导并非每篇课文都有，而是一个单元安排一次，也就是说每一学期安排 6 次左右。

平心而论，大陆的语文课也有说话、习作和写字等教学内容，但问题一是没有具体的教学时间的支持和保证；二是必须有机地穿插在课文讲读（深究）过程中进行，这势必会挤压课文讲读的时间和内容；三是阅读课中说话和习作内容往往不是教材规定，不是刚性的教学任务，而是教师个人行为，主要取决于教师的认识和自觉。因此就造成了我们的阅读教学用于课文解读时间比重过高，而用于学生说话、写作等表达实践活动过少的不正常倾向。

其实大陆的语文教师并非不知学生的语文能力只能在语文实践活动中获得，并非不知阅读课除了课文内容和形式的解读深究，学生的口头表达和书面表达必须占有一定的时间。但问题是我们教学一篇课文一般只有2—3课时，留给学生表达活动的时间本来就非常有限，这是否是我们语文课程设计中存在的漏洞或先天不足？

弥补这个漏洞，要靠转变教师的教学理念，加深认识语文课程实践性的特点，也要靠教师课前的精心设计和课堂教学中的精讲多练，增加学生课堂实践的时间。这或许能缓解一些矛盾，但不可能从根本上解决问题。要保证课堂教学中学生实践活动的时间，根本的办法是延长每篇课文的教学时间，预留出学生说话和写作等实践活动的课时，这就需要从语文课程层面做整体的调整和改革，包括减少课文数量，规定说话与写作的练习内容，等等。

多年的实践证明，仅靠教师个人的自觉，仅从教学层面进行改革，难以化解阅读教学中长期和普遍存在的"教师讲得多，学生实践少"这一顽症。我们应该从台湾同行的做法中得到更多的思考和启示。

# 二年级口语交际课

执教者：[中国台湾] 易元培

　　2007 年北京召开的第六届海峡两岸和香港澳门小学语文教学观摩活动上，来自台湾南投埔里小学的易元培老师上了一节二年级口语表达课，使用的是易老师自编教材《你回来了》。课堂上，易老师把自己当成了孩子的学习伙伴，营造了一个非常宽松的口语表达环境，和孩子们共度了快乐的四十分钟，同时为大陆同行奉献了一堂别开生面的口语表达课，给听课教师留下美好的印象。

## 【教学目标】

　　1. 培养学生勇于发言及展现说话的习惯，树立正确语感。

　　2. 促发学生勇于口语表达的潜力与意愿。

## 【教学流程】

### 一、气氛创建

　　教师与学生轻松对话，营造双向互动气氛。

### 二、语气、语调、语感的指导

　　1. 借由教师声情与容颜的表达，让学生体会同一句话不同的"演音"与"表达"会呈现不同的感觉与意义。

　　2. 师生讨论教师刚才所呈现的语境，教师归纳并板书。快乐的、生气的、怀疑的、害怕的、肯定的、伤心的、期待的、不在乎的等常见情绪。

　　3. 朗读主题句"你回来了"。先请学生自主朗读展现语感，再共同讨论如何呈现最适合的语气、语调、语感。

4. 教师示范→学生同步演音→点将表达→分组表达。

## 三、朗读剧场

全班分六小组,组内成员阅读同一篇短文,各组间分别读不同的内容。每篇短文皆有不同的情境氛围,且文末以教学句"你回来了"收尾。

1. 独立阅读并理解内容意涵。

2. 小组讨论合作朗读的呈现模式(聚焦语气、语调、语感及表情)。

3. 各组习读、习演。

4. 各组依序出列演读。

5. 师生一起聆赏并给予回馈。

## 四、统整与应用

1. 教师引导学生回顾本节课所学,提出特别注意演音与容颜。

2. 请学生以简短文字向在场的人们(老师、来宾、同学)表露心中之所感。

3. 邀约数位学生自由发表与回应。

## 【课堂实录】

## 一、气氛创建

(师生对话略)

## 二、语气、语调、语感的指导

师:请这边的同学向右转,这边向左转,面对面,都坐好。这边读一下题目。

生:你回来了。

师:好,这边,看你们的。

生:你回来了。

师:嗯,这边快乐地读一遍,预备起。

生:你回来了!

师:好,太棒了。另外还有这个,他到国外去求学,好多年后学成归国回到了自己的家乡,这个时候你见到了他,肯定地说,要稳重一点儿地说:你回来了。要有表情,连同语调和表情一起做出来。

师:好,很棒。咱们再复习一遍。疑问地——生气地——盼望地——欢迎地——不在乎地——肯定地——(生用不同感情读)

师:好,现在要八个同学上台来,一个个地说,先从高兴地说。

(生按表情逐个说)

师:好,我们给这八位小朋友鼓掌,请这些小朋友回到自己的位置上,请坐。小朋友们表现得很好。接下来在读课文、说话时都要有不同的语调表现,还有,都要带有情感。所以同学们,我希望在今后读课文时,要把家乡味去掉,好不好?

生:好。


## 三、朗读剧场

师:我这里有六篇短文,待会儿拿到短文看看是一号短文,还是二号短文,然后把组分好。小组同学分工念,可以分开念,可以两个人读同一句,也可以三个人读同一句。打开看一看。

(生看短文分组)

师:下面,易老师提醒你们,看一下短文的最后一句都是什么。

生:你回来了。

师:好。最后这句"你回来了",对比咱们开始练的语气语调,你们在短文中尝试用进去,看哪一组念得最好。等一下你们上台来比赛。各组分一下工,比如说我是读第一句的,你是读第二句的,或者我们是齐读的。也可以男生读一句,女生读一句,由你们决定,好不好? 就几分钟。好,各组开始准备。

(生开始讨论)

师:都读过了是不是? 下面开始上台表演。第一组同学请上来。我们在底下坐下来听。第一组,请开始。

生:爸爸一早就上工去了。晚上天黑风大,爸爸却还没回家。妈妈不安地在屋子里走来走去。她说:"我担心极了! 到底发生了什么事呢?"我说:"妈,您别慌,爸爸应该快回来了!"妹妹朝门外张望,远远地,看到了熟悉的身影。她拍手大叫:"是爸爸耶!"我们冲上前异口同声地说:"您回来了!"

师:好,小朋友,他们的最后一句"您回来了",是一起读的,读得好棒啊! 给点儿掌声。好,请回座。第二组,请开始。

生:姐姐在家看书准备考试。我在厨房帮着妈妈做家事,理家务。顽皮的哥哥却一整个下午都在外头玩儿。时间一分一秒地流逝,妈妈的脸越来越沉,越来越沉……我知道大事不妙! 果然,哥哥一进门,妈妈就大声地说:"你回来了!"

师:小朋友,第二组他们表现的是什么心情?

生:生气。下面第三组小朋友请上来。好,请开始。

生:听说堂哥和伯父前天到台湾旅行去了。爸爸说:"他们要好一阵子才会回北京!"我问爸爸:"从北京搭飞机到台湾要飞很久吗?"妈妈说:"当然啦! 而且听说他们这次还要环游宝岛呢!"今天早上竟然看到堂哥跟爸爸说话,这是怎么一回事? 我瞪大了眼睛问:"你回来了?"

师:嗯,很疑惑对不对? 今天去台湾旅游了,怎么会在这里呢? 接下来,掌声鼓励。很不错! 请让第四组上台。

生:妈妈上街市去买菜,要我们好好在家看书。等妈妈一出门,我立刻开电脑,打电玩。弟弟也打开电视,看着卡通片,吃着零食。叮咚! 叮咚! 奇怪了,是谁呀? 我和弟弟打开门,妈妈居然出现在眼前! 我们俩看着妈妈,惊慌失措地问:"你回来了?"

师:我和弟弟刚打开电脑,妈妈就回来了。有过这种情形的请举手。很害怕,对不对? 好,表现很好,掌声鼓励。谢谢! 第五组请上台,准备朗读短文。好,开始。

生:堂哥去美国念书已经四年了,今年他要回来过新年。整个家族都很高兴,非常期待这位学成归国的亲戚。我说:"明天堂哥回来,我要把亲手做的玩偶送给他。"表弟说:"真是等不及了,明天还要多久才来啊!"第二天,堂哥回来了,他一进门,就先喊了声"爷爷!"爷爷笑呵呵地拍着堂哥的肩膀说:"你回来了!"

师:好,做得很好,你的那个拍肩膀动作做得很棒!我没有到外国学习过,没有留过学。我当堂哥,你当爷爷,再来一遍,好吧?

(生如前再读一遍)

师:这样,轻轻地说:"你回来了!"好舒服呀,再拍一次。再跟堂哥说一遍。

生:你回来了!

师:好棒! 最后一组,前面都已读过了,有期待的,有惊奇的,有生气的,他们要读的是什么样的呢? 好,开始。

生:听说林家姥姥病得很重,大家都很担心,也很难过。姥姥最大的心愿,就是希望在临走前见小儿子一面。她的小儿子在深圳工作,听到消息急急忙忙往家赶。真不巧,连着好几天的大风雪,机场关闭,飞机都无法起飞。小儿子没能及时赶回来,林家姥姥也在等待中离开了人世。当她的小儿子赶到家时,家人流着泪说:"你回来了!"

师:太感动了! 小朋友拍拍手,你们读得很动人,请坐。


## 四、统整与应用

师:今天我们强调的语气语调有所不同,小朋友们学得很好。下面我们再复习一下好不好?

(生按表情逐个说)

师:好,小朋友们表现得都很好。下面我给大家一张贴纸,是从台湾带过来的。还有这些呢,是从我的收藏中忍痛拿出来的。我本来是要给表现好的小朋友,可今天的小朋友表现都很好,我决定把这一袋都给你们。下课我交给你们的老师,由你们的老师分给你们,好不好?

生：好。

师：今天上课快乐不快乐？

生：快乐。

师：我也是第一次到北京来上课。我以前就想，什么时候能到北京来上课呢？我还希望，能再来北京给大家上课。你们期待吗？

生：期待。

师：如果是明年的冬天，或后年的冬天，或者是某年某月的某一天，见到易老师，你们会怎么说？

生：你回来了！

师：你们说得很好，再说一次。

生：你回来了！

师：听到你们这么说，我很感动。好，起立，向右转。我现在，突然间，像从很远的地方来，而且已经过了两年了。我从这边走来，你们见到我。我说："小朋友，我回来了！"

生：你回来了！

师：哦，好期待呀。谢谢你们，请坐。如果我再给你们上课，你们跟我说："你回来了"，好不好？

生：好。

师：欢迎小朋友们到台湾去玩。我在这里很开心，从你们身上我学到了很多，尤其是刚刚小朋友们分组的时候，非常用心、非常认真，在台上的表现令我非常感动。谢谢小朋友们跟易老师上了一堂美丽、快乐的午后会议课。谢谢大家，谢谢！

生：再见！


**【总评】**

据心理学家对社会群体中部分不善于说话或很少说话的对象的一项调查，这些人不说话或少说话的原因主要不是表达能力方面的障碍，而是个性心理方面导致的表达意愿不足,其中缺乏自信心是一个重要的因素。由于缺少自信,没有在大庭广众中发言的勇气,发言的机会就会减少。而在大庭广众中缺少说话实践的机会,又反过来阻碍表达能力的提高,进一步加剧自信心的丧失,从而造成恶性循环。其实每个人都有在公众面前口头表达的潜力与意愿,人的自信心也是可以培养的,而扭转性格的最佳时机当然是在其心理成熟期,特别是在小学低年级阶段。正如易老师所说:"儿童时期是语言表达引导的黄金期,如何让孩子能自主地展现表达的语感、语调、语气与说话的声情容颜,是重要的语文教学课题。"因此他非常有意识地将"促发学生勇于口语表达的潜力与意愿"作为这堂课的主要目标之一,并且在教学过程中,真正让学生成为课堂的主人,让孩子们在课堂环境中尽情发挥,给孩子们更多自主表现的空间,千方百计地鼓励每个学生大胆发言,大声说话,不时为孩子们感人的表达鼓掌。学生上讲台表演,老师有意识地坐在学生中间听,"我再靠外面一点","声音太小,我在这里都听不到了","也要让这边的小朋友听到"——积极的鼓励和耐心具体的指导对孩子们从小养成大胆说话的习惯是非常必要的,对学生性格的矫治和人格的完善也是有积极作用的。

2001年颁发的《语文课程标准》在第一学段口语交际教学目标第六条中特别指出培养学生"表达的自信心"。语文课堂教学如何将这一目标真正落到实处,相信我们的教师研读了这份课例,可以从中获得许多启迪。

口语表达教学一般可以从两方面进行指导:一是说什么,侧重于说话内容的指导;二是怎么说,侧重于说话方式方法的指导。这堂课的说话内容很简单,就是说"你回来了"这样一句简单的话,只有四个字,学生都会说。从说话内容看是教师预设的,也是学生已知的。因此本课的指导重点确定为"在不同的情境里如何用适当的语音、语调、语气来说好这句话",这个教学目标对低年级学生而言,就不是他们在日常社会交际中能够自觉关注并正确处理好的。从这样一个教学目标开展指导,对学生而言就有相当的学习价值。可见这堂课指导重点不在说话内容,而是侧重于说话的方式。

其实就说话方式而言,可以指导的内容着实不少。我们的口语教学一般比较重视学生说话的规范性,关注的是语法学意义上的指导,比如说话时用词的准确、句子的完整连贯、说话语句的变化,等等。这些方面当然也需要进行指导,并且是口语交际教学指导的重要任务。易老师这堂课的说话指导则是另辟蹊径,从口语交际中语用规则的使用这一角度进行指导。语用学主要研究的是在特定的语境下如何理解和运用语言的过程,是研究语言环境、语言行为和语言规则的学问。因为口语交际在是双方或多方之间进行的,因此说话时要考虑特定的语境:要根据不同的目的和不同听众说话,面对不同对象应采用不同的语气;要能响应地、尊敬地倾听他人的观点;要能用恰当的提问,获取信息和维持谈话;要能协商制订小组计划去解决冲突与误解等。易老师这堂表达课的目标就是从语用学的视角提出的,让学生体会同样一句话在不同的语境里应该如何用适当的语音、语调、语气来恰当地表达。坦白说,大陆的口语交际教学对语法学层面的指导和研究比较重视,而对语用学规则的指导和研究相对薄弱。因此这堂课可以让我们开拓视野,借鉴中国台湾语文教学界同行的研究成果,积极地加强这方面的研究和指导,使我们的口语交际课教学内容更加丰富,指导更加有效。

这堂课的教材是易老师为了到大陆上课特意自编的。按照台湾语文课程纲要的指示,教师"亦得视教学需要单独编写说话教材",因此自编教材是台湾教师的习惯做法,特别是说话课的教材。其实大陆教师上说话课自编教材也是家常便饭,自编教材往往容易贴近学生生活,能够激发学生的学习兴趣,最重要的是可以让学生有话可说。在这一点上,可以说两岸教师所见略同。值得注意的是这堂课教学过程的设计。根据易教师的解说,整堂课教学过程可以分四个环节:第一个环节,通过教师与学生对话营造轻松活泼的师生互动气氛;第二个环节就直接进入说话的语气、语调、语感的指导,通过教师示范,让儿童体会同一句话不同的"演音"与"表达"会呈现不同的感觉与意义;第三个环节,分小组阅读教师自编的六篇短文,每篇短文皆有不同的情境氛围,各组在习读、习演的基础上上讲台交流,师生聆赏并回馈;第四个环节,引导儿童回顾本节课所学,并创设了一个新的情境引导学生向在场的人自由发表与回应,再次运用本节课所学到的知识。整堂课教学过程的设计紧紧围绕教学目标，"教什么"明确、突出，指导过程具体、细致。特别是朗读剧场的设计，通过合作讨论，让每个学生都能动脑动口，积极参与并投入到新知的实践运用中去，同时通过表达实践，亲身体验在不同情境里应该如何用适当的语音、语调、语气来说好一句话；"统整与应用"这一环节又一次提供新的语境，增加学生实践机会，加深学生的体验。这样的教学过程设计凸显了学生的语言实践，引导学生在实践中体会语文应用的方法规律，教得非常扎实，也符合学生的知识掌握规律。

其实一堂课的教学目标不宜多，特别是语文课的教学目标可以从人文性、工具性各个方面去选择，综合性特别强，往往容易胡子眉毛一把抓。如果什么都想抓，就会什么都是"蜻蜓点水"，结果会造成学生什么都没有学会。语文课要立足于学生"学会"，教学目标一定要明确、有重点，教学设计一定要清晰、集中。

# 三年级《毕加索与和平鸽》

执教者:[中国香港] 舒 伟

语文课究竟是教课文还是教语文,大陆语文教师的认识在理论上是一致的,应该是"用课文来教语文"。课文只是"载体",就像叶圣陶先生说的只是"例子",用课文这一"载体"或"例子"教学生学会语文,才是语文教学真正的"目标"。然而在实际的课堂教学中,不少教师客观上还是围绕"教课文"设计教学过程:教学目标主要是理解课文思想内容;教学时间主要花费在课文分段解读讨论上;课文上完,学生主要收获是加深了些对课文故事情节或人物思想情感的理解,而"语文"能力方面似乎说不出有何明显的长进。这样的语文课可以认定是"教课文"。反之,如果学生通过课文学习,能够明确地说出这堂课"学会"了什么语文知识或语文学习方法,在听说读写能力方面接受了哪些训练,有哪些新的收获,这样的语文课大致可以认定教师是在"教语文"。评价教师"教课文"或"教语文"的主要依据是什么? 我认为主要观察对象不是教师在课堂里教了什么,而是学生学习后在语文知识或语文学习行为上有什么收获,发生了哪些变化。正如现代课程理论之父泰勒所说:"学习是通过学生的主动行为而发生的;学生的学习取决于他自己做了些什么,而不是教师做了些什么。"

研读中国香港舒伟老师执教的《毕加索与和平鸽》这堂课《小学语文教学》,可以使我们对什么是"教课文",什么是"教语文",有更加深切的体会。先看这堂课的教学设计。

## 【教学过程】

### 一、观察图片,引入课文

1. 观察龙的图片,你们会想到什么?

学生想到龙的成语,如"龙马精神";想到古时候的皇帝,龙就是象征皇帝;

想到中国人是龙的传人。

2. 看一幅鸽子图片,想到什么?

学生想到了和平,因为鸽子是代表和平的。

3. 再看毕加索画像,介绍毕加索是一个爱画画和爱动物的人。

## 二、快速默读,思考:毕加索与和平鸽之间有什么关系

1. 讨论毕加索与和平鸽的关系。

2. 讨论"和平鸽"象征意义与课文故事的关系。

## 三、学习新词

1. 分组讨论不懂的词语。

2. 每小组将讨论中不能理解的词语写在黑板上。

3. 教师指导学生不理解的词语:

涕泪纵横、悲愤交加、口衔橄榄枝。

## 四、抓重点段,学习画流程图

1. 朗读第三自然段,边听边圈画这段话里的动词。

2. 默读第三段,看看这段话里面有几个人物?

法国老人、小孙子、毕加索、德军军士。

3. 教师示范画流程图的方法。

(1) 刚才圈的动词是不同的人发出的动作。动词这么多,我们应该怎么去分析他呢? 老师教大家画一个流程图。首先我们以小孙子为例。老师把写他动作的句子抽了出来。看老师圈了哪些词语。

板书:放、惦挂、跑、眺望、看见、拿出、挥舞

(2) 用蓝色的框框圈出了一些词语。这些词语是去形容动作的,使这个动作更加生动。板书:马上、使劲儿。

(3) 这些词语之间有什么关系呢? 下面老师就和大家来画小孙子动作的

流程图。(教师一边说一边板书:首先是"放",接着是"惦挂",接着"跑",接着是"眺望",然后是"看见"小鸽子飞回来了,所以就"拿出"红布条使劲地"挥舞"。那他挥舞的时候还有些词语形容他怎么样挥舞的,"马上"拿出红布条,"使劲地"挥舞。)

小结:这就是今天要教的流程图。在流程图里,用红色的圈把动词写进去,然后跟着箭头,按照动作的顺序把这个图画出来。再用蓝色的框框把形容这个动作的词语全部写进去。

4. 分组完成一个德军和老人家动作的流程图。

(老师给每组同学发一张大画纸和一支水笔。学生边讨论边模仿画流程图)

5. 各小组派代表交流,分享各组画的流程图。把图贴在黑板上。

6. 请一位同学连贯地做一些动作,观察后分小组再画流程图。

(学生连续表演两遍)

7. 各小组完成流程图,分享交流。

## 五、布置作业

回家观察一下妈妈做家务的时候的片段,煮饭啊,扫地啊,自己试着完成一个流程图。

## 【总评】

这堂课除了初读课文和词语教学这两个环节与大陆阅读教学有些相似,在教学目标和主要教学环节设计方面与大陆阅读课大相径庭。整堂课教学重点不是在解读《毕加索和和平鸽》这篇课文,主要不是在感悟课文人物的思想情感,而是在指导学生画课文人物表现的"流程图",表现出与大陆阅读教学完全不同的语文教育观。

如何用课文来教语文?首先需要厘清语文课程内容和语文教材内容这两个概念。所谓的课程内容,是指为达到课程目标而选择的事实、概念、原理、技能、策略、态度、价值观等要素。就阅读教学而言就是这篇课文"教什么"。所谓的教材内容,是指为有效地反映、传递课程内容诸要素而组织的文字与非文字材料及所传递的信息,就阅读教学而言就是"用什么来教",或者说是用哪篇课文来教。以《毕加索和和平鸽》这篇课文为例,文中介绍的毕加索与和平鸽的关系,作品表达的法国人民热爱和平、憎恨法西斯的思想情感,这些是课文传递的信息,是"教材内容",不是"课程内容"。课程内容指教师根据这篇课文选择的要求学生学习哪些语文知识、方法或语文技能方面的内容。

舒伟老师所选择的课程内容非常明晰:一是学习课文中的新词,二是学习分解人物的动作画成"流程图",而重点显然是让学生学会画"流程图"。整个教学过程中,教师就是围绕这些课程内容设计教学环节,并且层层深入地开展指导。教师在这堂课里"教什么"是清楚的、集中的,学生通过这堂课到底"学会什么"也是明确的。由于课程内容明确并且集中,而且立足于学生"学会",因此这堂课教学的有效性是能够充分体现的。

其实内地教师在主观上也知道语文课不能只教课文,也很重视课程内容的选择和确定。但是许多教师在客观上没有厘清"课程内容"和"教材内容"之间的关系,往往是将教材内容当作课程内容进行教学;或者在课程内容选择上过于多元,恨不得将自己解读文本认识到的语文知识和语文方法一股脑儿教给学生,因而在教学过程中往往只能追求"教过",没能在"教会"上花时间,下功夫。香港舒老师的这堂课在教学目标确定方面可以给我们的启示是:第一,要严格区分课程内容和教材内容,课堂教学的重点应该是课程内容,不是教材内容;其次,一堂课的课程内容选择要明确而集中,要立足于学生学会,而不仅仅是教师教过。

用课文来教语文,就应该按照语文学习的方法或规律来设计并实施教学过程。香港舒老师教学《毕加索和和平鸽》之所以能够集中凸显"画流程图"这一教学目标,与他教学过程的设计理念有关。细读他的教学过程我们会发现,这堂课主要不是在解读课文的思想内容,花在理解课文思想内容上的时间少之又少。当然,要让学生依托课文来学会画流程图,必须以读懂、理解课文为前提。因此教师一开始也设计了整体感知内容这个环节,让学生理解讨论课文主要讲了什么,但她只是将理解课文内容作为教学过程中的一个环节,并没有将其升格为统揽教学过程的主线。学生理解了毕加索与和平鸽之间的关系,认识了课文中和平鸽的象征意义以后,教师就直奔主题,直接抓住课文主要段落,指导学习如何画流程图:第一步是让学生在课文主要段落中画出描写人物动作的动词;第二步是以小孙子为例,示范指导学生画流程图;第三步以课文中的老人或德国士兵为例,小组合作学习流程图的画法;第四步干脆离开课文,让学生当场做动作演示,然后以小组合作的方式将连贯动作分解开来,整理成流程图。

在这堂课里,理解课文内容包括词语教学的时间大约占四分之一,而花在画流程图指导和练习的时间占了四分之三。教师设计教学过程所秉持的理念非常清楚:课文只是学生学习画流程图的"材料",是"例子";让学生学会画流程图,才是这堂课必须完成的课程内容。因此教学过程重点围绕着画流程图展开设计:教师示范——学生模仿操作——情境练习——回家独立操作。

对学生而言,学画流程图,既是一种文本阅读的方法,也是一项有相当难度的智力技能。如何让学生学会一种技能,最好的办法不是教师讲解、演示,而是让学生人人动手参与实践。"纸上得来终觉浅,绝知此事要躬行",通过教师的示范,学生获得的只是知识、命题或概念,只是"理解";要将理解的知识转化为技能,就必须让学生有操练的机会,许多复杂的技能往往操练一次还不能学会,必须在各种场合反复操练才能真正学会。杜威主张"从经验中学";张志公认为技能的掌握不能通过口耳相授,而必须通过亲身经验,只有在个体参与和实践的过程中才能真正获得,讲的都是这个意思。所以,"教育的基本手段是提供经验,而不是向学生展示的各种事物"。这堂课的教学设计完全是遵循学生技能学习的规律设计的,因此从现场情况观察,其教学效果是明显的。

研读香港舒老师的这堂课,我们发现阅读课的教学过程可以有两种设计:一种是文本解读型的,就是以解读文本思想内容为主线来设计教学过程,在文本解读过程中有机插入语文知识或方法的教学;一种是技能掌握型的,就是遵照语文知识或技能学习规律设计教学过程,文本理解只是教学过程中的一个环节。文本解读型教学设计容易实现人文教化功能的最大化,但往往会造成语文知识和方法等语文课程内容的边缘化；技能掌握型教学设计有利于促进语文课程内容的落实，但不利于实现文本的人文教化功能。在鱼和熊掌不能兼得的情况下，内地教师选择的是前者，但是这种设计很容易滑入"教课文"的窠臼；而香港教师选择的是后者，因而其阅读课比较容易体现"教语文"的特点，并且不可能产生"教课文"还是"教语文"的争论。要杜绝"教课文"倾向的出现，可能需要我们改变思路，变"文本解读型"为"技能掌握型"的教学设计，或许这样才有可能从根本上实现变"教课文"为"教语文"的转变。

有的教师可能会提出，这样上课语文的思想教育和情感目标如何落实？对这个问题的认识，香港和内地老师也有着观念上的差异。这篇课文蕴涵着法国人民向往和平的思想情感和对德国士兵野蛮法西斯行径的谴责控诉，对这些思想情感方面的教学目标，香港教师是作为隐性目标自然渗透在教学过程之中的。虽然教师没有安排专门的时间，设计专门的环节有意识地凸显，也没有特意用语言来说教，但学生在读懂、理解课文内容过程中，比如在导入课文图画观察时，在快速浏览课文思考"和平鸽为什么能成为毕加索画中的主角"问题时，在分解人物动作画流程图时，总之在语文学习的同时，客观上也在接受思想情感教育，感受到心灵的震撼和情感的认同，当然这是一种"润物细无声"式的教育。其实按照课程标准的指示，"培养学生高尚的道德情操和健康的审美情趣，形成正确的价值观和积极的人生态度，是语文教学的重要内容"，但这一目标应该是在语文学习过程中自然渗透的，应该注重的是"熏陶感染，潜移默化"，"贯穿于日常的教学过程之中"。而语文课程应该凸显的是语文知识的学习和提高语文能力的活动。

# 五年级《银河》
## ——诗歌欣赏与仿作

执教者：[中国香港] 赖明珠

　　《诗歌欣赏与仿作》是香港教育学院赖明珠老师在上海康城实验学校召开的"沪港语文教学交流会"上的一节观摩课。课文《银河》选自香港五年级语文教材，借班上课的是康桥学校五年级学生。课文是一首饶有趣味的现代儿童诗，内容通俗易懂，充满童趣。整堂课上学生学习目的明确，参与度高，活动量大，课堂内欢声笑语，学生兴趣盎然。从这堂最后展示的学生当堂分组创作的诗歌作品看（见附件），这堂课的教学效果是令人满意的，教学效果也是非常明显的。研读这个教学案例，可以对什么是"教课文"，什么是"教语文"，有更加深切的体会。我们一起来读读这堂课的教学设计。

## 【教学过程】

### 一、学习内容

　　新诗欣赏与仿作——运用反问句来修饰诗歌题材的比喻义。

### 二、关键特征

　　1. 反问句的修辞技巧（嘲讽、肯定、质询或引起思考等），突出趣味诗借题发挥的比喻效果。

　　2. 本质不同但名称相似的事物，通过运用反问句的比喻/比较事物的虚实（有名无实）。

## 三、教学设计

活动一:朗读与理解

展示诗歌

### 银　河

银河,银河,

为什么你叫作"河"?

一阵风吹过,

你起不了浪也起不了波。

没有波浪的"河",

哪有长胡子的虾?

哪有背着小房子的田螺?

哪有摇头摆尾的小鲤鱼?

哪有翩翩起舞的白天鹅?

没有波浪的"河",

怎能一边划船,一边唱歌?

银河,银河,

为什么何你叫作"河"?

1. 学生朗读一遍。

2. 提问。

师:有听过这首诗吗? 诗歌说些什么?

(生自由回答)

师:诗歌的句子结构中,最大的特点是什么?

生:主要是利用问句组织诗歌内容。

3. 展示问句。

(1) 为什么你叫作"河"?

(2) 没有波浪的"河",哪有长胡子的虾?

（3）哪有背着小房子的田螺？

（4）哪有摇头摆尾的小鲤鱼？

（5）哪有翩翩起舞的白天鹅？

（6）没有波浪的"河"，怎能一边划船，一边唱歌？

（7）为什么你叫作"河"？

4. 师生互动。

师：哪些问句是作者真的有疑而问？

生：（1）、（7），因为她不知道为什么"银河"被称作河。

师：（2）、（4）、（5）、（6）句与（1）、（7），最大的分别在哪里？

（生自由回答）

师：前者是作者质疑。因为，作者认为没有波浪的"河"，不可能有生物。作者利用"有……吗？"及"怎能……？"以怀疑的语气发问。这种问句，我们称之为"反问句"。

活动二：反问句的形式与功能

1. 展示反问句。

（1）没有波浪的"河"，怎能一边划船，一边唱歌？

（2）泛起波浪的"河"，不能一边划船，一边唱歌？

师：如果把（1）改成（2），（2）是否是一句反问句？（让学生讨论2分钟）

（生自由发表）

师：句（2）的提问者认为泛起波浪的"河"能划船唱歌，如果以反问的角度提问，就是"不能……？"，以相反的方式表达肯定的看法，所以也是反问句。

师：大家能够观察这两句不同的反问句，并说出反问句的特点吗？

（生自由发表）

2. 小结反问句的特点。

如果问句从正面问，是表示提问者的反面立场；

如果问句从反面问，则表示提问者的正面立场。

3. 反问句是一种修辞技巧，它不是为反问而反问，而是为达到语言上的某

些修辞效果。譬如,当你有点生气的时候,你可以这样表达:

例一:

都交还给你了,不要再向我要。

不是都交还给你了,为什么还向我要!

师:这里的反问句其作用是带有质询的语气的。

例二:

你的分数只是刚及格,不算突出,没什么值得骄傲

你的分数只是刚及格,不算突出,有什么值得骄傲呢?

师:这里的反问句的作用是带有嘲讽的语气。

小结:

提问者利用反问句表达强烈的情感,吸引读者的注意,目的是达到嘲讽、肯定、质询或引起读者的思考等语言效果。

活动三:应用与练习

练习一:把下面的句子改成反问句。

"从前你是跟我们混在一起,没有分你,也没有分我,咱们是一整块。"

预设学生能修改的例子:

1. 从前你不是跟我们混在一起吗？ 没有分你,也没有分我,咱们是一整块。

2. 从前你是跟我们混在一起,没有分你,也没有分我,咱们不是一整块吗?

3. 从前你不是跟我们混在一起,有分你我吗？ 咱们是一整块呢!

练习二:分析诗歌题材的比喻义

师生互动:

教师再展示诗歌《银河》。

师:诗歌如何利用反问句突出主题?

生:利用反问句从相反的角度质询"银河"没有河的特征。

师:所以银河是有名无实的"河",作者只是利用题材的比喻义来借题发挥。

练习三:示范改写

1. 教师先示范如何以反问句(引起思考)把"明星"的比喻义说出。

| | |
|---|---|
| 明星,明星<br>当夜幕低垂时,<br>你不能高高挂在夜空;<br>当月色朦胧时,<br>你不能在夜空中发光。<br>但,别人都称你做明星,<br>因,<br>你有星星的灿烂,<br>你有星星的辉煌。 | 明星,明星,<br>当夜幕低垂时,<br>你能够高高挂在夜空么?<br>当月色朦胧时,<br>你能够在夜空中发光么?<br>如果别人不称你做明星,<br>难道,<br>你没有星星的灿烂?<br>你没有星星的辉煌? |

练习四:仿作

展示图片:点心

| 教师提问 | 简报展示句子 |
|---|---|
| "点心"为什么叫作"心"? | 点心,点心,为什么你叫作"心"? |
| "点心"能好像心一样跳动吗? | 当我凝视你时,你会跳动? |
| "点心"能好像心一样作响吗? | 当我贴近你时,你会作响? |
| 它能分担忧愁吗? | 我的忧愁,你怎能分担? |
| 它能分担欣喜吗? | 我的欣喜,你怎能分享? |
| 什么时候它成为我们的最爱? 就是在酒楼向侍应喊一声"点心"。 | 当我把你的名字喊出来,<br>难道,<br>你能不变成我口中一"点"的最爱? |

练习五:分组改写/创作

提供工作纸让学生分组改写或创作。最后让学生分组分享其作品。

总结:

1. 从形式及功能上总结反问句的修辞手法;

2. 让学生试举出在日常生活中同类比喻性质的例子。

**【总评】**

这堂课用的是五年级教材中的一篇诗歌,但是赖老师上的不是我们通常意义上的阅读欣赏课,也非我们通常认为的写作指导课。深入研读教师的课堂教学设计,我们会发现香港教师在教学目标的选择、教材内容的处理以及教学过程的设计等方面,与内地的语文教学有着很大的差异。

最明显的是教学目标的选择。像这样一堂结合《银河》这首诗歌上的语文课,大陆教师在教学目标选择时主要指向课文思想内容的理解,把读懂诗歌作为主要的教学内容。因而教学过程一般会以诗歌思想情感解读为重点取向,将诗歌中包含语文知识比如疑问句、反问句的教学穿插在课文解读过程中相机进行。这样设计教学过程,其教学的主线是诗歌思想内容的理解,语文知识教学须服从诗歌内容解读的需要,因而"教课文"的特征非常明显。赖老师这堂课的目标指向不是这篇课文的内容,而是将诗歌中运用的反问句这个语文知识作为教学的主要目标,紧紧围绕着反问句的认识、反问句在诗歌表达中的作用以及反问句的仿写运用来设计教学过程,而《星星》这篇课文只作为教学生认识运用反问句这一知识的凭借。这样的目标取向体现的是"用课文学语文"的教学思想,容易凸显语文课程的本体教学内容,并且能从根本上避免出现"教课文"的倾向。

其次看教学过程的设计。大陆教师教学一篇课文,主要采用的是分段讲读的办法,通过朗读、分析、提问、讨论,引导学生加深对课文思想内容的深入理解,当然同时也会穿插语文知识和技能教学。赖老师这堂课是按照反问句这一语文知识点的学习来设计的,大致是分三个环节:第一个环节是"朗读与理解",通过学生朗读课文,只花了极少的时间讨论理解诗歌说了什么,然后就直奔主题认识这首诗歌句子结构上大量运用问句的特点,还初步进行疑问句和反问句的区别。第二个环节是指导学生深入认识反问句的表达形式及其功能。这是整堂课语文知识教学的重点:教师出示正反两句反问句,让学生了解反问句的语言特色,还通过一系列具体例子,帮助学生理解反问这种修辞技巧的表达效果。第三个环节是应用与练习,教师设计了五项练习,从最简单的将陈述句改为反问句,一直到改写与创作诗歌,由单项到综合,由简单到复杂,环环紧扣,最后学生在教师的指导下,每小组都创作出一首诗歌。从教学时间分配看,理解课文思想内容是教学的切入口,也是教学的前提,但不是这堂课的主要环节。由于这首现代童诗内容浅显,因此教师花在课文内容理解讨论的时间极少,不到整堂课的四分之一,而且这仅有的时间主要也是在辨析疑问句和反问句的区别。课堂教学的主要时间是花在反问句的认识和运用这两个环节的教学上,特别是运用反问句写作诗歌这个环节用时最多,从小组集体创作到小组代表交流分享,大约有 15 分钟时间。

第三看语文知识的教学与指导。这堂课的教学重点毫无疑问是认识并运用反问句仿写诗歌。整堂课教学是紧紧围绕反问句这一修辞手法的认识和运用展开的。在"朗读与理解"环节先从课文中提取出所有的问句,让学生初步区分什么是疑问句,什么是反问句。然后教师用了约 10 分钟时间,指导学生认识反问句的表达特点及其功能。教师设计了一连串的范句,有课文中的反问句,更多的是来自课外。学生通过大量的范句,正确而深入地认识反问句可以从正面表达,也可以从反面表达;反问句在各种语文环境中有着不同的表达功能,可以产生嘲讽、肯定、质询或引起读者的思考等语言效果。可以看出,香港教师备课时在诗歌内容解读方面所花的时间远不如内地教师,但是在如何指导学生掌握反问句方面是下了很大功夫的,对所教知识点的钻研也是非常深入的,设计的指导步骤具体而又实在。

最后看应用环节的指导。其实这是体现一堂课教学效果的关键。学生对所教知识点是否掌握,主要不是看理解,而是看能否会运用。理解了但不会用,并不是真正理解;只有会用了,才称得上真正理解。为了指导学生学会"运用",教师精心设计了五个练习:首先是"把下面的句子改成反问句",这是热身练习,是单项的分解动作;其次是"分析诗歌题材的比喻义",这是为后面的仿写诗歌选择题材做铺垫的;再是改写,重点是让学生理解什么是喻义,同第二项练习一样,也是为最后仿写题材选择做准备的;然后让学生再读以"点心"这一题材写出的两首诗歌,这一练习旨在为学生的创作提供更多的范例,降低创作难度;最后是分组创作。这样的指导,从写作题材到写作形式,从单项练习到综合运用,从集体改写到小组创作,形成了一个完整的指导过程,具体、细腻、环环紧扣、循序渐进,充分反映出教师的指导艺术和教学设计水平。其实对小学生而言,理解反问句和运用反问句,难点在运用。运用环节的设计绝不在于提供一个或几个情境,而是更需要教师的精心设计和具体指导。当然,实施这样的指导必须有充分的时间保证作为先决条件。这堂课用了大量时间让学生分小组讨论完成了诗歌创作,然后让每个小组都派出代表发表各小组创作的作品。全班学生在分享创作成果的同时,不仅能进一步加深对所学知识的认识,而且可以充分感受到成功的体验。这对于激发学生的学习热情,帮助学生实现知识的迁移,从"理解"转化为"会用",其意义都是不言而喻的。这堂课里,学生在应用这个环节表现特别活跃,全体参与、讨论热烈,小组代表交流时上下呼应,同学们丰富的想象力和创作的精彩诗句不时引起听课教师的啧啧称赞。

这堂课非常明确地传递了香港教师语文课教学理念:

一、语文课主要不是"教课文",而是用课文来"教语文"。即教学一篇课文,其主要教学目标是课文中包含的语文知识、方法或技能,而非课文内容。教学目标指向于课文中的语文知识,才能凸显语文课程的本体特征。

二、语文课的教学过程须围绕语文知识目标的落实来设计,而不能以课文思想内容的理解来设计教学。这样有可能从根本上避免语文课"教课文"的倾向。

三、语文课教学的知识、方法、技能要立足于学生"学会",而不是教师"教过",其主要标志是学生能够"运用"。要达到"会用"的目标,教师必须进行具体的指导,必须要留出充分时间,让每个学生都有实践应用的机会,这样才有可能将教学目标真正落到实处。

这堂课可以引起内地语文教师多方面的思考。内地语文教师一直深陷于"教课文"还是"教语文"的困惑而难以解脱,是因为我们的教学目标确定、教学过程组织、教学方法选择,就是以"教课文"为原点来思考判定的。如果不摆脱这样的思维定势,要实现从"教课文"到"教语文"的转变是非常困难的。语文课的改革,有赖于教师语文教学观念的转变,有赖于跳出长期形成并且习以为常的"教课文"的怪圈。如果语文教师都能以"教语文"为原点来确定教学目标、组织教学过程、选择教学方法,那么语文教学的有效性一定可以大大提高。

## 【附】学生课堂创作作品

### 龙　　眼

龙眼,龙眼,

为什么称你为"眼"?

难道你是心灵之窗?

难道你是为人带来光明的使者?

难道你会在悲伤时,

嘤嘤哭泣?

难道你会在欣喜时

流露甜蜜?

龙眼,龙眼,

你只是人们口中的水果。

### 热　　狗

热狗,热狗

难道你是一条狗?

难道你有狗一样灵敏的鼻子?

难道你有狗一样锋利的牙齿?

当我走近你时,

你会不会摇着尾巴

对我"汪汪"叫?

当我带你出去散步时,

你会在电线杆旁撒尿?

当我饥饿难耐时，

你难道不是我的腹中之物吗？

## 热　狗

热狗，热狗，

为什么大家把你称作"狗"？

难道你会吃狗粮？

难道你会汪汪叫？

当我打你时，

你会咬我？

当我回到家时，

你会摇尾巴？

当我肚子饿时，

难道你不能给我充饥？

来！让我吃一口！

# 五年级《漫谈沟通》

执教者:［中国香港］黄锦燕

这是中国香港启思小学黄锦燕老师 2003 年在南宁举行的全国第四届青年教师阅读教学观摩活动上的一堂课。这堂课以一种全新的教学理念、新颖的教学方法,让内地教师通过这个窗口,深切感受香港教师对小学语文教学性质与任务的另一种诠释,从中获得很多启示。这堂课获得本次观摩活动的特别奖。

【教学过程】

## 课 前 热 身

师:老师第一次来这里,感到很紧张。但是我临走时收到家人的一张便条,上面写着"祝平安"。你们猜猜,这张便条放在哪里?

生:家里人塞在你的手袋里。

生:在早餐桌上。

生:在电脑里发现的。

师:这张纸条放在我家抽水马桶的盖上。(一片笑声)

师:这就是我跟我家人的沟通方式,他们知道我很忙,纸条有时贴在冰箱上,有时放在电视机上,有时在枕边。你们平时是怎么跟家人沟通的?

生:用语言来交流。

师:我们先来做一个活动,叫有口难言。

(学生表演热身)

一生上台不说话,做动作(肚子疼),其他同学猜。

另一生上台表演(等待),学生猜。

第三位学生上台表演等在产房外的父亲焦急的神情。(学生演得很精彩)

师:除了语言,我们还可以通过动作、表情等来表达我们的心情。

师:我们再来做活动,节目二:解难能力大考验。

师:遇到这种情况,你可以用什么方法表达情感呢? 可以大声讨论,然后告诉大家你们讨论的结果。(将题目分给小组,小组同学共同讨论解题方法)

各小组交流讨论结果。

第一小组题目:有一个北京来的小朋友来,想上厕所,你怎么办。

生:我们商量出三种方法:用普通话告诉他,带他去,画地图。

第二小组题目:上课之后,前面的一位同学睡着了,你怎样提醒他?

生:我们讨论的方法是:在他后背推一把,用电池在他背上烫一下,踩他的脚。

第三小组题目:一个小孩子哭了,你怎么逗他笑?

生:做鬼脸,唱摇篮曲,逗他,抱起来。

第四小组题目:朋友生日到了,你们用怎样的方式表达祝贺?

生:打电话,发电子邮件,点歌,寄礼物。

最后一组题目:在非洲主人家里,你怎么告诉他你肚子饿了?

(学生通过动作表演来说明)

## 正 式 上 课

### 一、出示课题,自读课文。

师:(出示"漫谈沟通")沟通是什么呢?

师:沟通就是人与人之间的交往表达。

师:那么什么是漫谈呢?

生:很广泛地、全方位地谈话。

师:大方的、轻松的交流,这就是漫谈。

师:大家自由读课文,想想每一个自然段的主要意思。(生自由读课文)

## 二、游戏:问答大比拼(一)

师:读完课文后,有没有留心每节课文的重点意思呢?

接下来我们做个游戏:问答大比拼(一)。(发给每组一张答题卡)

提示:1. 请分组讨论。时限:3分钟。

　　　2. 按照课文的内容设计一道问题。

　　　3. 问题里必须有"为什么"或"怎样"这两个词语。

第一小组设计问题:动物为什么不能像人一样来沟通? 如果像人一样,沟通会怎么样呢?

(其他组同学回答)

生:会像生活在梦幻的世界里。

生:动物的生存方式决定他不能讲话。

生:其实动物也能像人一样沟通,比如,八哥。

第二小组设计问题:人类沟通的方式为什么比其他动物丰富得多?

生:因为人类可以利用高科技的手段,人类还可以写文章等。

第三小组设计问题:为什么人类是最善于沟通的动物? 是怎样沟通的?

生:因为鸟类只能说鸟类讲的话,人类从小就可以学习。

生:人类是比较高级的,善于用不同的方式沟通,比如可以用语言、用神情来沟通,也可以用肢体语言来沟通。

第四小组设计问题:为什么要沟通?

生:因为通过沟通才能理解对方的心理,知道对方心里想什么,能与他交朋友。

第五小组设计问题:如果你跟动物沟通,你将用怎样的方式?

生:我会把动物当人类,与他交朋友。

师:同学们提出的问题太精彩了。

## 三、游戏,问答大比拼(二)

师:接下来做第二个游戏:问答大比拼(二)。

师:(1)动物用不同方式与同类沟通的目的是什么?

生:吓唬别的动物,保护自己。

师:像猴子高兴时露牙齿,是为了什么?

生:表达心情。

师:狮子吼叫向同类传递什么?

生:传递信息。

师:(2)作者比较动物与人类的沟通方式,是要提出什么观点?

生:想表达人类比动物要聪明。

生:我们善于用沟通工具与别人沟通。

师:(3)你认为有好的沟通工具是不是足以令人沟通良好?你跟家长、长辈沟通是不是很好?回家再想想,看看跟家人有没有更好的沟通方式。


## 四、学习词语

师:下面我们愉快地学习课文中的新词语。

师:跺脚,部首是什么?大家轻轻地跺脚?(学生轻轻跺脚)跺脚会在什么时候做出来的?

生:激动、愤怒时做出来的。

师:你们什么时候跺脚?

生:我们在着急时候跺脚。

师:"耸肩",这个动作谁来做?

师:你们在什么时候耸肩?

生:在无所谓的时候。

生:在放松自己的时候。

生:烦恼的时候。

师:"骚扰",你们爱这个词语吗?(齐声说:不爱)为什么?

生:因为我们不喜欢别人来骚扰我们。

师:那么骚扰是什么意思?

生：代表打扰，使我们的心情不安宁。

师：谁能用骚扰来写句子？

生：我正在写作业，有同学不停地骚扰我。

## 五、朗读课文

师：接下来是朗读时间。

提示：1.注意坐姿；2.眼睛和收本要保持距离；3.留意发音要正确、响亮；4.注意停顿。

（生齐读课文，读得不够到位）

师：温柔地笑怎么能读成"温柔地笑"？应该怎么读？那么用力地跺脚？耸耸肩？

（生再读课文，有很大进步）

师：我们读书的时候，要注意文章的表情。

## 六、总结，布置作业

师：现在我们总结课文：一齐来画脑图。

师：脑有个中心，那我们这篇文章的中心词是两个字，那就是——沟通。文章通过人和其他动物来对比。

师：（发练习纸）回家想一想，在家用了什么沟通方式去交流的，做的就打钩；动脑筋去创造一些未来的沟通方法。

师让全体同学起立，面向老师。

师：今天，非常感谢南宁小学的小朋友，请大家用热烈的掌声来鼓励这些学生（台下老师报以热烈的掌声）。我送你们走。

## 【总评】

《漫谈沟通》是香港小学语文第十册的一篇课文。内地北京版语文教材第九册也收录了这篇课文。这是一篇说明文，主要说明自然界的动物能用不同的方式沟通,通过对比来说明人是最善于沟通的动物。认真研读赖明珠老师上的这堂课,可以让我们内地语文教师获得多个方面的启示。

一、让学生以生动活泼的游戏方式学习语文。我曾经读过一份内地教师《漫谈沟通》教学设计。这位教师设计的教学过程是:(一)检查预习,教学字词;(二)初读课文,整体感知,要求学生给课文分段,说出每段主要内容;(三)再读课文,自探学习,利用填表方式理解课文内容;(四)共议交流,体会写法,主要体会课文"举例子"的说明方法;(五)总结全文,提升认识,产生愿望。这份教学设计中规中矩,从理解课文内容到体会文章写作方法,教学内容选择完整,体现了语文课的特点。但总感觉是严肃有余,活泼不够。黄老师这堂课以游戏为主要的教学方式设计教学过程,整堂课的两个主要板块就是二、三两部分,通过两个问答大比拼的游戏组织学生理解课文内容。我特别欣赏第一个游戏的教学过程。教师先要求学生以小组为单位,根据课文内容提出自己最感兴趣的、自认为重要的问题,比拼哪个小组提出的问题可以考倒别的小组,最具有挑战性。以游戏方式组织学生学习语文,营造出生动活泼的学习氛围,这样的教学设计真是可圈可点:其一,能够充分激发学生学习兴趣,引领学生去探索,去发现,能充分调动学生学习的积极性和主动性,让学生始终处于非常理想的学习状态;其二,以小组合作的学习形式,让每一个学生都能参与课文内容的研究和问题设计,将个人之间的竞争转化为小组之间的竞争,享受学习与合作的快乐,培养学生团队精神和合作意识;其三,学生要提出好的问题,必须深入阅读课文,主动把握每一段课文的主要内容,这不仅可以训练学生的提问能力,更能促进学生对课文内容主动、深入理解,能充分调动起学生的思维。

二、结合课文理解,培养学生思维能力,较好地处理人文性与工具性的关系。读懂课文内容,关注课文的细节,是教学每篇课文的基本要求。黄老师设计的第二个问答大比拼游戏,在检查学生对课文内容和中心理解的同时,重视培养学生思维能力。我们深入分析教师精心设计了三组问题。第一组问题"动物用不同方式与同类沟通的目的是什么",这组问题在课文中都能找到现成的答案,主要是检查学生提取信息和概括信息的能力。第二个问题"作者比较动物与人类的沟通方式,是要提出什么观点?"引导学生概括文章的主旨,训练分析整合信息、提取文章中心的能力。第三个问题"你认为有好的沟通工具是不是足以令人沟通良好?"主要训练学生反思评价能力。这些问题从三个不同层面训练学生的提取信息、整合信息、判断推理的能力,既是思维能力的培养,也是阅读策略的训练。特别是最后一个问题,可以让学生认识如何利用好的工具实现人与人之间良好的沟通,将阅读理解与人文教育有机地融合在一起。黄老师在布置作业的时候,要求学生"回家想一想,在家用了什么沟通方式去交流的,做的就打钩;动脑筋去创造一些未来的沟通方法"。这样的作业很好地体现了语文课程工具性与人文性结合的特点。

三、重视语文基本要求的落实。我评点过不少台湾、香港老师上的语文课,发现他们对学习方法策略的指导非常重视,这当然是很可取的,但经常会产生这样一个疑问——课文中的生字词语教学、课文的朗读指导,在他们的课上经常被忽略。按照内地教师的通常认识,生字词语必须认真落实,每篇课文必须读熟,这些是教学每篇课文的基本要求,必须落实到位。黄老师的这堂课将词语教学和课文朗读分别作为一个环节,认真进行指导,这样的做法我认为是非常合适的。黄老师的词语教学很有特色:她教学跺脚、耸肩、骚扰三个词语,没有简单地停留在词义的理解,重点是让学生理解这些词语怎样运用,"跺脚会在什么时候做出来的""你们在什么时候耸肩"这样联系生活的讨论,不仅让学生对词义有感性的认识,更有利于学生在其他语境中运用这些词语。教学"骚扰",则直接要求学生"谁能用骚扰来写句子"。词语教学的最终目的在运用,她追求的是词语教学的最高境界。黄老师专门设计了朗读板块,保证学生朗读课文的时间。她的朗读指导也非常得体,学生齐读课文读得不够到位,她没有过分强调朗读的技巧,只是提醒学生"读书的时候,要注意文章的表情",果然学生再读课文时有很大进步。课程标准对朗读的要求是"正确、流利、有感情",不少教师将重点放在朗读感情的指导上。其实语文教师感情朗读也不一定能做到人人过关,可见有感情朗读对小学生来说要求太高。黄老师这样把握朗读指导要求,应该说分寸拿捏得非常准确。

　　叶老曾经说过："语文无非是个例子。"语文课教师应该用课文教学生学阅读,学写作。黄老师把课文作为学生学习语文的载体,利用课文设计多种练习引导学生进行言语实践,训练学生的思维,学习语言文字的运用,这样的教学思想是很值得肯定的。

# 四年级《去年的树》

执教者：[中国澳门] 梁怡安

《去年的树》（第三教节）

教学重点：用即兴戏剧教学让学生感受和了解童话故事《去年的树》。

教学基础：学生已具有课文的基本知识，本课是作为课后延伸。

## 【教学目标】

1. 透过角色的扮演理解课文内容。

2. 以多元学习形态进行思想教育，并感受童话的寓意。

3. 开发感官想象力及肢体的美感。

4. 培养学生的创意思维。

5. 增加团体合作性。

## 【教学物料准备】

角色道具：鸟翼道具纸板、树枝道具纸板、布条、花道具纸板、叶道具纸板、动物及植物头套、门道具纸板、火柴道具纸板、伐木锯道具纸板、火焰道具纸板。

声音及配乐：儿歌一首、声音素材（鸟叫、风吹、伐木锯树声、敲门声、划火柴及燃烧物品声）。

手提电脑及投影机：大自然的影像及图片。

## 【教学过程】

| 时间 | 教学内容 | 备注 |
|---|---|---|
| 5 分钟 | 整理班房秩序,简单暖身运动。<br>童话讲述。<br>讲解教学内容和布置任务给学生。由教师分成四组、分配角色。<br>① 森林内的花草树木(可引导学生发展自己植物)<br>② 小动物<br>③ 小鸟(可在不同的段落,任用不同的学生扮演)<br>④ 大树先生(可由一群同学扮演)<br>⑤ 风(可由 2 个同学持长布扮演)<br>⑥ 主持人 | 需要轻松的音乐令学生集中、投入和展开活动。学生围圈而坐,听从讲解。 |
| 20 分钟 | 教师带领辅助排练。<br>段落一:森林大环境<br>学生分工扮演森林里的花草树木、小动物,呈现森林的大环境。<br>段落二:寒冬迫近,每天在树上歌唱的小鸟,跟大树唱出临别时的一首儿歌。<br>段落三:扮演严寒森林的学生呈现冬天森林的景象。<br>段落四:春天到来,万物苏醒,樵夫开始伐木。<br>段落五:大树跟小鸟重逢<br>小鸟回到森林,但已经树去留空,只剩下树根。小鸟再飞往伐木工场,它遇到大门先生,得知大树成为了火柴。于是小鸟飞到小女孩的家,询问有关火柴的事,原来火柴燃烧了,成为油灯内的火光。最后小鸟只好看着油灯的火光,唱出它为大树准备的歌曲。 | 应用戏剧教学工具:<br>＊流动塑像<br>＊定格图画<br>＊思路追踪<br>让学生从课文的文字感知转化为调动视觉、听觉及触觉的感官世界,利于学生投入故事氛围,代入角色。 |

（续表）

| 时间 | 教学内容 | 备注 |
|---|---|---|
| 15分钟 | 学生主导课文演绎呈现。<br>学生进入角色。<br>段落一:森林的环境定格图像<br>主持人介绍森林的一草一木<br>场景转换,主持人做简单介绍<br>段落二:寒冬迫近<br>段落三:严寒的森林<br>段落四:春天到来<br>段落五:重逢 | 导师在必要时进入角色做导引,以戏剧教学法工具控制时间,完结每一个场次。<br>加入环境音或增添具体气氛的音乐。 |
| 10分钟 | 反思与分享:<br>童话的寓意<br>引申到实际生活的启发<br>戏剧表演的同伴/自我评核<br>老师总结 | 可学生互评、自评及心得交流。 |

## 【总评】

将戏剧表演引入课堂,让学生尝试表演课本剧,是国外语文课堂教学中经常采用的教学方法。利用课本剧的方法来教学课文,除了能够让严肃沉闷的课堂变得生动活泼,有效激发学生的学习兴趣,还可以引导学生在快乐的游戏氛围中领会课文思想情感,体会遣词造句的方法,从而提高学生的语文能力。

澳门梁老师用了整整50分钟的时间指导学生表演课本剧。我们看这堂课的时间分配,耗时最多的是现场排演。全班学生分为四组,在教师指导下排演课本剧一共花了20分钟。观察整个课堂教学的过程,这是学生最有效学习的时间段:1.学生情绪高涨,每个学生都积极开动脑筋,既当导演又当演员,共同研究如何自导自演这个课本剧;2.学生在表演过程中主动体会课文中人物角色的思想情感,仔细斟酌角色说话时的语态、举止动作以及细微的神态表情等,充分地发挥出课本剧对学生主动学习语文的促进作用;3.通过亲身实践体验,学生在观看其他小组表演时会有更加深切的体会和收获,使得接下来15分钟的表演环节变得更加有效,也能使学生在最后 10 分钟反思评价时更有话语权。可见语文课堂里采用课本剧表演的教学方法,重点不在学生表演这个环节,表演之前的排演讨论才是最关键、最有效的;最后的反思评价虽然花时不多,却对提升课本剧表演的教学效率有着实质性的作用。

近年来内地课堂里也有教师尝试运用课本剧表演的方法教学课文。然而限于教学时间,教师往往是将表演作为课堂中的一个辅助环节,一般安排时间只有七八分钟,最多十来分钟。学生匆匆排练、匆匆表演,事后基本没有时间进行反思评价。有些教师甚至不安排排练时间,直接就让学生分工表演。表面看课堂里热热闹闹,学生也体验了表演的过程,但因为学生事先没有充分的准备、深入的思考,事后缺乏必要的反思评价,必定是形式大于内容,对提高学生语文能力很难起到实质性的作用。当然这不是内地教师不懂排演和评价的重要性,实在是因为我们的教学时间太有限。如果我们看过台湾、香港的语文课本就会明白,每个学期教学的课文一般只有十几篇,大约只有内地教材的一半左右,所以可以抽出比较充分的时间进行课本剧表演。正如梁老师在说课时说明的那样,这是教学《去年的树》这篇课文的第三课时,前两课时怎么上,仅从这篇教学实录中难以看出端倪。但是梁老师的这堂课至少可以给内地教师这样一个启示:使用课本剧表演的教学方法,不能仅仅满足于学生上台表演这样的形式,更应该重点关注学生表演之前充分的思考准备过程以及表演后的总结评价,才能真正发挥这种教学方法的作用。

**【附】**

## 梁怡安老师说课

大家好,我们来自澳门的庇道学校。

今天早上的课之前有人提问,为什么我们会配合戏剧教学呈献教学活动?我们一般会花一到两个课节去研读课文,就像传统的课堂,然后利用一点时间在教学中间去做一些小道具,让学生尝试投入课文里面的那种感觉,再利用第三个课时,通过戏剧的工具,让学生更深入地了解课文。这就说到我们比较重视的情感教育,因为不想让学生太过严肃地去面对,通常比较喜欢给他们一种欢乐的、游戏的感觉。

语文的教学本来就追求真善美,戏剧可以把这种真善美提高到另外一个层次。第一点是真。在戏剧里面,学生用自己的身体语言真诚地表现出情感,这是他们身上很真实、很实在的地方。

第二点就是善。童话里包含着倡导善良的道德教育,通过戏剧演出学生可以更深入地接受这种教育。

最后一点就是美,可能文字上的理解每个人都不一样,因为每个人的才能不一样,这涉及我们讲的多元智能的部分。但是如果透过戏剧的表演,我们可以更容易提升学生的审美,用审美的眼睛、用审美的心灵去观赏这个世界,去读这些文字,然后去想象一种比较美的世界的观念、希望的观念。这就是我们为什么要用戏剧的教育来配合传统的语文教育。

其实我们早上用的那种戏剧的教育叫作 Drama in Education,就是一种应用的戏剧,因为戏剧本身分很多种,有一些是在教育上用的。今天早上我们用的是教育上的戏剧,这种戏剧本来是流行在英国、美国等地的。

另外还要讲一下有关多元智能的部分,为什么戏剧教学的介入可以体现学生的这些方面呢?从选角,从一些小道具——这些小道具是我们教师自己做,因为时间的关系,没有办法让他们自己来做——入手,我们做很多视觉的元素。有些同学对音乐比较有感觉的,可以去配音;有一些同学通过教师的引导,培养逻辑推理的能力;以及像社交、创意等一些所谓内省的技能,都可以在戏剧的团体中体现出来。这个部分从小学开始培养是比较重要的。因为中学的教育重视的都是比较理性、科学一点的,或者是能培养批判精神的。关于小学的教育,我觉得如果在学生小时候,教师能够培养他们的情感是比较关键的。我个人来讲,我希望他们从游戏当中能学到一点,就是能够面对自己不愿意面对的事情。因为有时候我觉得中学生感觉跟小学生有很大区别,好像失去一点东西。所以看到他们的戏剧排练,我觉得很感动。另外,北京的小朋友真的让我们难忘。

# 四年级《去年的树》

执教者：[中国香港] 王清凤

## 【教学过程】

师：我们上节课学习了《去年的树》这篇课文，下面我找几组同学来读，每一组同学读一个自然段，全班一起读课题，预备，开始！

（每组生依次齐读课文）

师：谢谢同学们精彩的朗读，我刚才听到几位同学读得特别用心。我想这几位同学，文中一定有些地方特别让你感动，有些地方给你留下了非常深刻的印象吧？请试着说一说。

师（巡视）：请你把文章中那个最令你感动的地方读出来，给大家听一听。

生："鸟儿睁大眼睛，盯着灯火看了一会儿。"它盯着灯火，这种目光就是对它朋友的一种想念吧！

师：哦，是呀！其他同学呢？那个男同学！

生："接着，她就唱起去年唱过的歌给灯火听。"那只小鸟很讲诚信，大树都变成灯光了，小鸟还是把答应给大树唱的歌唱了。

师：谢谢你所说的感受。那么从这篇课文当中，我们深深体会到了小鸟和大树之间深深的情谊，对吗？

生（齐）：对！

师：这个时候，我们都被他们这种至死不渝的真情感动着！不如，我们创设一个动画廊，让他们有机会见见面，来个对话。我们一起来做小鸟和大树，请这一组的同学来当小鸟，这一组的同学当大树，行不行？

生（齐）：行！

师：好，你们想一想，在大树和小鸟见面的时候他们会说些什么呢？

（生沉思）

师：好多同学都在想，小鸟和大树终于见面了，小鸟对大树说……（点击课件，出示喳喳叫的小鸟的画面）

生：好久不见了，你怎么变成这样了呢？

生：我一直想着和你见面的这一天呢？

生：我日夜盼望着早日回来见到你。

生：是呀，我还要给你天天唱歌呀！没有你我和谁玩呢？

师：所以心里特别孤单，对吧？（指生）你说！

生：好怀念你的歌声呀！

师：我的歌声依然那么动听！（指生）你说！

生：真怀念以前的那段美好时光。

师：哦，好朋友见面了当然要再回忆一下以前的事。（指生）你说！

生（唱）：说我把你选，但愿你不要离我远去！

师：再来一次，太好了，太感动了！

生（大声地唱）：说我把你选，但愿你不要离我远去！我天天唱歌给你听！

（台上台下一片掌声）

师：这旋律带着淡淡的伤感，我现在心里很感动。同学们，大树如此的无私宽容，小鸟又是那样的真诚坦率，还有你们刚才的表白令我感动！我们回到课文中去，《去年的树》这篇课文里说到的树成了什么呀？

生（纷纷）：灯火。

师：树变成了灯火，可是小鸟依然为他唱起了歌，为什么要这样做呢？

生：他是为了自己的诚信！

师：是呀！还有？

生：他答应了树，今年要回来给他唱歌，他必须实现对树的诺言。

师：由此，我们可以看出来，小鸟是一只？

生：信守诺言的鸟。

师：对，那么学习了这篇课文，你们对诚信这个词是不是有了更深的体会呢？先把书本放下来,我想听你们说说,在你们的心目中诚信是什么呢?

生:是一条交友的桥梁。

师:哦,是树和小鸟的桥梁。(指生)你说!

生:诚信是一种力量和一种财富。

**【评】**

读课文,然后读出最令自己感动句子,说出自己的感动之处。接着创设一个动画廊,让小鸟和大叔见面对话。融情于景,通过小鸟与大树的对话,引导学生对文章表达的应该信守承诺这一中心思想有了比较深切而又具体的领会。朗读、说话、讨论思考,将思想道德教育有机地融入在语文教学之中,很好地体现了语文课程工具性与人文性有机统一的特点。

师:你说得真好,那你能回忆一下,在你的生活中发生的一些朋友对你信守诺言,你觉得特别开心的事;或者是友人对你不诚信,让你非常难过的事。你愿意和我们一起分享吗? 说说看!

生:记得有一次,一个同学过生日,他答应我,让我去他家。可他没有跟他爸妈说,结果没去成,我有点难过!

师:哦,我体会了你的心情,但是你原谅他了,对吧!

生:是!

师:这位同学她真懂事,好! 再请一位同学说说。

生:有一次放学我收拾书包,我的一个好朋友答应等我。我有点事耽误了,晚出去二十分钟,我出去时他还在那里等我呢。

师:那个时候你的心情是不是特别开心? 我觉得你好幸福呀,有这样的朋友,你也应该为他感到骄傲是吧!

生:是!

师:还有其他同学愿意分享你的小事吗?

生:过圣诞节的时候,朋友答应送给我一份礼物,果然那天送给我一个特别惊喜的礼物。

师:收到礼物的时候是不是特别开心? 心里都温暖了吧? 像现在,老师听着你们的分享,也特别温暖。好,同学们,刚才老师从几个同学的分享当中,知道了你们在生活交往中一定会信守承诺,月这样的精神去建立美好的友谊,对吗?

生(齐):对!

师:那么朋友之间除了要信守承诺,你觉得还需要什么呢?

(生沉默)

师:只有诚信够吗? 还需要什么呢? 我发现有的同学迫不及待想说了,谁来说说看? 你来!

生:还需要团结一致。

生:还需要互相体谅!

生:朋友之间还需要宽容和忍让。

师:你说话的时候特别正经,特别认真! 好,再请你说!

生:朋友之间要互相帮助,但是给予的一定要正确,不能帮歪了!

师(笑):她理解得更深入了! 我希望你们像她一样聪明,想得更深入一点。值得做的,值得付出的,就去做,是吗? 你觉得朋友之间还需要点什么吗?

生:还需要互相信任。

师:哦,你的朋友信任你吗?

生:信任我!

师:那你呢?

生:我也信任他。

师:所以要——?

生(齐):互相信任。

【评】

从课文信守承诺这一主题,引发出这段师生对话,要求学生回忆生活中与朋友之间发生的有关信守诺言的事情,和大家一起分享。接下来又延伸到朋友间要团结、互相帮助、相互信任、宽容忍让,等等。教师设计这个说话练习,可以深化学生对文章主题的理解,也能为接下来的扩展阅读做好铺垫。

师:同学们你们说得真棒。今天老师带来关于友情的三个故事。同学们分三组分别看三个故事,细心阅读故事。然后同桌之间、前后桌之间互相讨论一下,故事讲了什么,朋友之间是怎样相处的,最后我会请同学们一起分享你的收获!

(师分发阅读材料,学生自由阅读故事内容,教师巡视组织小组讨论)

师:(手里拿着一张读书记录卡片)《去年的树》告诉了我们什么?

生:朋友之间一定要遵守诺言!

师:故事告诉了你们朋友应该怎样相处呢? 你们一起讨论,然后把它写下来。我看哪一组最快,会请他来和大家分享一下!

(生继续讨论、记录,师巡视指导)

师:同学们请坐端正,我知道有几位同学还没写好! 没关系,就让那个负责写的同学写吧。我们再耐心地等着最后一组的同学!

(全体同学都完成了讨论,坐好)

师:好的,第一组的同学你们拿到的文章是?

生:《老井求水》。

师:谁愿意先来告诉大家那是一个什么故事呢?

生:真正的朋友应该是舍己为人,互相帮助。

师:能不能简单说一说这个故事?

生:有一口老井,他非常的渴。先来了一只鹅,鹅想到吃过的那些蔬菜是老井帮助过他的,所以就想帮助老井,可是他自己又去玩了。

师:可以说的简单一点,还有谁帮助老井呢?

生:还有一只青蛙,他想起老井曾经给他喝过甘甜的井水,也想帮助老井,但他也去玩了!

师:结果呢?

生:最后来了一只受伤的小鸟,他不忍心让老井渴死,就一次又一次地用翅膀挤水给他。终于,老井从一个窟窿里冒出了一个泉眼,流出了泉水。

师:好,谢谢你,说得很详细! 同学们听清楚这个故事了吗?

生:听清楚了!

师:好,现在你可以告诉大家你有什么体会了!(指记录纸)这是你们的体会吗?

生:我们组的体会是《老井求水》这篇课文告诉我们真正的朋友应该舍己为人,互相帮助!

师:哦,他刚才加了两个"真正"的,为什么你们这样说呢?(指生)你要给他补充吗?

生:当和你相处有利可图时,那并不是你真正的朋友;当你遇到困难,和你一起度过困难的才是你真正的朋友。

师:这是从两个方面去说的,是吧! 同学们给他一些掌声鼓励一下!(生掌声鼓励)同样是这样一篇故事,其他同学有什么不一样的感想吗?

生:我们从《老井求水》这篇文章中体会到,答应别人的事就一定要做到。

师:刚才的故事中有谁没有做到呀!

生:鹅和青蛙为了自己玩而没有去管老井,而受伤的小鸟却真心去帮他。

师:你说得真好,请你把心得贴到前面来! 同学们,可见只有在患难时才可见真情! 后面的同学继续交流。

生:我们故事的题目是《狗的友谊》。有一只黄狗和一只黑狗,他们要做朋友,而且都同意了。可是后来,一个厨子扔出了一根香喷喷的骨头,它们为骨头又吵了起来,他们就又不是朋友了。我读了这篇文章的感受是朋友之间应该同甘苦,共患难,不能因为一点小事而争吵! 那样的友情是不存在的。

师:你们赞同他的意见吗?

生:赞同。

师:可能还有不一样的想法吧!(指生)谢谢你的体会,说得真好,但是还有人要补充,请你先把它贴上去。(再指生)好,你说!

生:交朋友一定要真诚,要团结合作,要谦让!

师:是真心真意的对吧!这一组同学也是读《狗的友谊》,有没有补充的?我喜欢有不同意见的同学!

生:我觉得同学之间出了一点麻烦没什么的,只要互相谦让一点就行了!朋友之间总会出现一些矛盾。

师:哎呀,说的真好!好朋友之间有时候也会吵架!

生:有了一些小的争执,如果忍让,可以让友谊更长久,更深远,反而不会走到破裂的结果。然而如果因为一点点小事,你们俩互相争来争去的,反而会使友情破裂得更大。如果你们碰到更难办的事,还是宽容,会让友谊加深,更长久。

师:哇,终于松了一口气!我总觉得你是个小大人,说的条条在理,掌声鼓励一下!(师生鼓掌)同学好棒呦,懂得给别人补充,也能提出自己的看法。还有谁想说?你说!

生:我觉得在一些大事上忍让,也是一种友谊的表现。比如说我听说过别的故事,有两个人在沙漠里,因为他们没有吃多少东西,上帝就考验他们,告诉他们前方有一棵苹果树,树上有两个苹果,只有吃了那个大的才能活!所以他们在找到那棵苹果树后,就互相推辞,让对方吃大的。到了第二天早上,一个人发现另一个人已经走了,而且树上剩下的一个苹果看起来比较小,他开始怀疑他的朋友。他就去找他的朋友,走到不远处就发现他的朋友手里拿着很小的苹果,已经死了。他拿了那个小苹果,没舍得吃,也留给了那个朋友。

师:这位同学真棒,他平时留意这样的故事!你一定很爱读书吧?

生:是。

师:我喜欢爱读书的同学。好,还有另外一个故事呢?你们来说说!

生:讲了两个朋友在沙漠中旅行,因为一点小事其中一个人打了另外一个人,挨打的人就在沙子上记下了某人打了我。后来这个挨打的朋友陷在了泥潭里,打过他的那个朋友又救了他,他就把这件事刻在了石头上。那个朋友就问他:"为什么我打你,你刻在沙子上,我救你,你刻在石头上?"他说:"当被朋友伤害时,要写在易忘的地方;受到朋友帮助,要记在最难忘的地方。"

师：你们听了之后有什么感想呢？

生：我觉得朋友之间一定要宽容大度，要互相帮助，别人帮助自己一定要牢牢记住。

师：哦，别人帮助你的事一定要牢牢记住。请你把你的心得贴上去。

生：我觉得把怨恨写在沙滩上，把感激写在岩石上，这样才能使朋友之间的友情更加深！

生：宽容和忍让不会使友情破裂，反而会使友情更加长远，更深厚！

师：由于时间关系，我们把我们的精彩分享，都贴出来。（生贴心得）

师：好，同学们，除去刚才阅读的三个小故事，还有这个同学带给我们的友情故事之外，在生活中有没有和同学之间发生的事？你说！

生：有一次和两个朋友玩小车，他们老犯规，而且不承认。我也有好胜之心，就不和他们玩了。后来我觉得自己玩没有意思，必须有朋友，朋友之间应该宽容，最终我又和他们玩了。

师：谢谢你的分享！同学们其实我本想画一棵小树的，可是经过你们的分享之后，我感觉这棵树变的——

生：很大！

师：连黑板都装不下了！所以友情有了这些东西以后，我们的友情会变的更加——怎么样？

生：深厚！

师：好了，说到这里，和你们进行分享之后，我发现我对友情有了新的认识！（指生）你还想说是吗？我知道我不让你说，你的心里会很难过！你说。

生：我想到了诚信是什么。

师：他突然回到了前面，想到了诚信是什么，请你给大家一个很好的注解。

生：我觉得诚信是一缕灿烂的阳光，一滴甘甜的雨露，一片肥沃的土地。它滋润着埋藏在我们心底深处的友情的种子，让它生根、发芽、开花、结果，结出硕大的友情的果实。

师：我好高兴呀，几篇短短的小故事，让你们的体会那么深刻！此刻，我有点想念我在香港的朋友了,因为她本来应该和我一样站在讲台上,和你们一起上课的。但是她有点事情不能来。所以我现在很想写句话,向她表白一下我的心情。行吗?

生:行!

师:她的名字叫钟彩霞,天上的彩霞。你们愿意耐心地听我讲吗?

生:愿意!

师:我想说:霞子,虽然你不在我身边,但我觉得北京的这个冬天很温暖,因为我知道你一定是在我身边的。你们愿意像老师这样写封信或者写首诗给他们吗?

生:愿意!

师:想就立刻动笔吧! 把你们的心声写在那只小鸟上面。

(学生在悠扬的音乐声中书写对朋友的心里话。)

师:谁愿意把你的真心话读给大家听一听?

生:我写了一首诗。友情是他人受伤时送上的安慰,友情是他摔倒时让他勇敢地站起来,友情是下雨时送给他的一把雨伞,友情是他需要帮助时献上自己的爱心!

师:这样有爱心的同学,我很想和你交朋友,你愿意吗?

生:愿意!

师:那我真是太幸福了! 好,同学们你们都写好了吗? 我知道你们还有很多话要说! 能不能先停笔,等一会写完后,贴到你们的教室去,行不行?

生:行!

师:今天和大家一起,分享了友情,分享了什么是真正的朋友! 其实老师也获得了很多,学到了很多,谢谢你们! 老师最后想说,在这个世界上,除去树和小鸟的友情,还有谁的友情呢?

生:还有花和蜜蜂的友情!

师:说得真好! 哦,还有呢?

生:还有太阳和向日葵!

师：噢，也是紧紧联系在一起的。如果见不到对方，也是会想念的。

生：还有草和雨露的友情！

师：对，还有好多好多。其实我们会发现生活中的每一样东西，每一个人，每一个动物或植物，它们都是有爱的，对不对？所以我们应该特别去爱护我们身边的每一个人，每一样事物，甚至每一个世界！同学们，谢谢你们和我上了很愉快的一堂课，谢谢你们！起立，再见！

【总评】

这节课上的是《去年的树》，但是真正用于课文教学的时间应该不到三分之一。我们梳理一下整个教学过程设计。第一环节创设"真情对话廊"，把学生带进小鸟与大树对话的情境，表达出学生读课文后的内心情感。第二个环节要求学生回忆生活中与朋友之间发生的有关信守诺言的事情，和同学们一起分享。这是从课文主题引申出的一个话题，与课文主题有关，但交流的不是课文内容本身。第三个环节是扩展阅读三个故事，故事主题都与课文有关，要求学生读后说出故事内容，然后写下对故事主题的理解和体会。这三个教学环节，除第一个环节指向学生对课文思想感情的理解，后面两个环节都不是在教学《去年的树》这篇课文，虽然与课文主题有一定联系，但都是从课文主题延伸出去的扩展性说话和扩展性阅读。内地教师像这样设计教学过程的也非绝无仅有，但如果将三分之二教学时间用于课文以外内容的教学，一定会引起争论，甚至遭受批评。

我们来看同一次活动中北京教师上的《去年的树》。这堂课设计了四个板块。首先是生字词语教学。第二板块是读课文，勾画"课文中那些让你感受深刻，能够引发你思考的内容，反复读一读。想一想，你读懂了什么，感受到了什么，或者还有什么疑问"，讨论作者在写鸟儿寻找的过程中的三次对话，想象鸟儿会想些什么呢，说一说。这个板块教师指导具体，学生讨论交流比较充分，占用了这堂课的大部分教学时间。第三板块是扩展阅读《白蝴蝶》，根据结尾展开想象，口头编童话。最后板块简介作者并推荐童话，激发阅读兴趣。最后两个板块匆匆而过,不会超过 10 分钟。教师设计这节课教学的指导思想非常明确,就是如何教好这篇课文。至于编童话和推荐读物,这些只是作为学习这篇课文的补充。

研读完这个课例,并且比较内地教师上的《去年的树》,我们可以深切感受到香港语文课与内地语文课在教学观念上的差异。教材中的课文,在香港老师心目中只是学生学习语文的材料,并非教学的主要对象或学习内容,所以教师另行设计了一个口头交流的话题,并提供主题相同的三个故事。这堂课大部分时间不是学这篇课文,而是用于学生的口语交际和扩展阅读等实践活动。这样的教学设计与内地教师的教学观念大相径庭,内地教师对课文考虑的是课文怎么教。其实学生读懂课文不难,因此教师的关注点往往聚焦在课文思想内容的深入理解和写作方法的细致分析上。这样的语文课往往会以教师讲解或思辨性的师生讨论为主,其教学效率往往不高,因为很难体现语文课程的实践性特点。香港教师设计语文课,主要不是考虑课文思想内容和写作特点的深入理解,而是考虑如何将教学时间用于学生的语文实践上。这样设计出的教学过程,才容易体现语文课程实践性的基本特点。语文课如何减少教师的分析讲解,将更多的时间用于学生阅读或表达的实践,切实提高语文教学的效率,香港老师这堂课的做法可以给我们很多的启示。

当然这堂课还有提高的空间。比如最后学生读、讲三个故事,谈谈自己的读后体会。从学生交流中可以发现,在讲《老井求水》《狗的友谊》这两个故事时,几个学生都没有讲清楚。是否应该多花些时间让学生练习把故事讲好,把故事讲清楚?这是一个难点,其实很值得花时间。另外,学生在交流体会时,是否可以引导学生作些比较。我们看几个学生交流的体会:"真正的朋友应该舍己为人,互相帮助","当和你相处有利可图时,那并不是你真正的朋友;当你遇到困难,和你一起度过困难的才是你真正的朋友","答应别人的事就一定要做到","鹅和青蛙为了自己玩而没有去管老井,而受伤的小鸟却真心去帮他"。学生的体会各不相同,有很大的差异。有些体会并不好,比如"舍己为人",明显用词不当。如果即时引导学生讨论一下哪一小组同学的体会水平最高,应该对提高学生阅读理解能力更有帮助。建议这节课删去第二个环节分享生活中与朋友之间发生的有关信守诺言的事情,这样可以把更多的时间用于三个故事的阅读,然后分享三个故事,交流讨论三个故事的读后体会,这样对提高学生的表达能力和理解能力可能会有更多的帮助!

# 四年级《去年的树》

执教者：[中国台湾] 黄　敏

童话故事是孩子喜欢阅读的文类。这一篇童话故事不论是在叙写方式、用词用语，乃至故事的表面意涵，对四年级的学生而言都应算是简易的。在教学上如仍停留在生字语词、故事表面意涵的讨论上，就会让学生觉得较无趣味，且说教的意味过重。因此本节课的教学设计，将把重点放在引导学生对朋友、守信及牺牲奉献等概念与行为进行深入的探讨上。透过小组合作，让学生结合生活经验及这则故事，对以上概念进行批判性的反思。

## 【教学目标】

1. 参与小组讨论，进行合作学习。

2. 对朋友、守信及牺牲奉献等概念与行为进行深入的探讨。

3. 学习如何深刻地描绘朋友的关系。

## 【教学过程】

师：各位同学，《去年的树》这个故事都读过吗？

生：读过了。

师：早上啊，老师从北京大学大门进来的时候，发现门口有好多树。这些树去年在这里，今年在这里，我想明年应该也在这里。我就在奇怪为什么这个故事的名称叫"去年的树"？有没有谁告诉我？哦，看谁举手最快。

生：因为上年那棵树在的，今年不在了。所以叫"去年的树"。

师：简短有力的结论。有没有同学想帮她补充。

生：因为去年的树还在这块了，不过鸟儿和树约定明年还来，可是树不见了,被伐木人砍了。所以叫"去年的树"。

生:我认为应该是围绕树写的,围绕树和鸟儿来写的,所以叫"去年的树"。

师:每个人的想法好像都不太一样哦。你们同意他们的说法吗?大部分说同意。让我们再来看一次这个故事。翻开《去年的树》这个故事。你们都预习过了。等会请按照自己的理解读一读。读的过程中顺便回想一下,这个故事到底在说些什么? 请开始。读出声音来。

【评】

学生预习时读过课文,所以教师断定学生能够回答"为何课题叫'去年的树'"这个问题。这个判断是正确的。第2个学生回答有些啰唆,但意思和第1个基本一致,而第3个学生回答是有问题的,只说了课题中的"树",没有说清楚为何叫"去年"的树。此处教师如果让学生讨论分辨哪个学生回答得好,怎样回答不很正确,这样对提高学生的倾听力、思维能力和表达能力都是有好处的。

(生读课文)

师:老师发现班上同学预习得非常好。老师在听你们念的过程中发现已经有人有想法想告诉我们。这个故事在说谁的故事?

生:是在说鸟儿和树的故事。

师:是在说鸟和树好朋友之间发生的故事。你们有好朋友吗?

生:有。

师:那你们和好朋友平时都做些什么? 谁愿意来说一说?

生:我不高兴的时候,我朋友会来哄哄我,或者互相帮助讲题什么的。

生:如果是关系特别好的朋友,伤心的时候就可以找她诉苦。有时候,我们互相开玩笑。如果这种玩笑跟别人开,别人可能会很生气;如果跟好朋友开,她肯定会包容你,容忍你,一定会非常开心。

生:可以跟自己的好朋友玩。有时候呢,如果自己不开心的话,朋友就会来陪伴。如果是没有好朋友的话,生日聚会的时候会很孤单;如果有好朋友,生日聚会的时候就会很开心。

生：我爸爸妈妈有事的时候,我朋友的爸爸妈妈也会来帮助我。

生：我和好朋友通常就是一起玩。在家的时候也一起玩。

师：老师很好奇哦。你们都玩些什么?

生：玩电脑什么的。

师：电脑哦! 来,最后一位。

生：我跟好朋友玩,或者比如有困难的时候,好朋友可以一起来帮助你,减轻一些负担。

师：你们都玩些什么?

生：我和特别好的朋友经常开玩笑,或者说对方一些不好的话。可是到最后的时候,我们都会开怀大笑。

## 【评】

和朋友在一起,会做什么事情。这是教师根据课文内容引发出的一个话题,是这堂课第一次说话练习。这个环节指名 8 个学生发言,学生发言比较随意,很多意思表达不很清楚。教师对学生发言内容方面有回应,但对语文表达是否正确基本不作评价,也没有要求学生进行互相评论。这对学生语言表达的规范是不利的。

师：所以你们都是彼此的开心果哦。可是,讲到这里,老师就有一个疑问:你们和好朋友能做这么多事情,那小鸟和大树呢? 他们平常除了唱歌之外,到底还会做什么? 和同桌说一说:你觉得他们平常还会做什么?(学生自由发言)

生：在树上做鸟巢。

生：说一些什么高兴的话。跟人一样。可能会对话。

生：跟鸟聊天,谈一些事情,心事。

生：鸟给树唱歌,树给鸟诉苦。

生：就是我觉得鸟儿会在树上搭一个窝产蛋。等鸟儿孵出小鸟来的时候,树就会很高兴,因为又多了几只小鸟来给他唱歌。

师：老师知道你们的想法实在是太好了。所以老师要请你们拿出笔来,把你们刚才跟同学们交流的那些美好的想法,把你所想到的那些事情自由地加到第一行里面去,加到好朋友的关系描述里去,大胆地加在课文里去。你想加进哪里就加进哪里。就写在课本上,不用担心。就把它写进去。(生书写)

## 【评】

"小鸟和大树除了唱歌,还会做什么事?"这是本堂课教师设计的第二次说话练习,是结合课文内容展开想象,丰富细节,进行扩写。先同桌说话,再当场写话,要求每个学生动笔写下来,能够保证每个学生都有动口动笔练习的机会。

师:你对小鸟和树有很多自己的想法,没有写完的先来听听同学们是怎么想的。

生:我觉得可以让小鸟搬一些树上的树枝,做一个鸟巢,然后可以边乘凉边唱歌。然后树也能享受小鸟对它乘凉的乐趣。

生:树给鸟儿提供住所,而鸟儿也会给树唱歌,还会装扮树,让树变得更漂亮。

师:哇!为她装扮。老师想听听还有没有不一样的?

生:如果树上有虫子,鸟给树治病。一些动物喜欢吃鸟儿,鸟藏到树里,树就可以替鸟遮蔽。

师:很有自然科学的概念。还有谁不同的说法呢?太多同学哦。好踊跃啊!

生:我加在"一棵树……是好朋友"这里。鸟儿站在树枝上,天天给树唱歌,给树缓解一下不开心的心情,树天天听着鸟儿唱歌也给鸟儿遮风挡雨。

师:哇!他连加在哪里都顺便告诉我们了。

生:我也加在刚才那个地方。一棵树和一只鸟儿是好朋友。鸟儿站在树枝上,天天给树唱歌。当鸟受到别人欺负或者有什么不高兴的事跟树说,树可以帮它缓解,可以跟它一起分享快乐和悲伤。

师:缓解悲伤。透过刚才你们说的,还有你们原来想的,老师发现一件事情:原来故事刚开始在描写树跟鸟是好朋友的时候,只是简短的一句话。可是通过这么多同学的补充以后,会发现故事的细节增加了,内容也丰富了,甚至在我们脑海中勾勒出两个好朋友相处的画面也更清晰、更具体。

【评】

写话后及时组织学生交流,学生想象丰富,发言非常踊跃,积极性很高。这样的交流是一种思维的碰撞,智慧的交融,可以起到相互启发、取长补短的效果。虽然会花费宝贵的课堂教学时间,但是对激发学生学习兴趣和积极性,提高教学效率都是非常有效的。

师:可是树跟鸟要分开了,好朋友要分开了,彼此许下一个承诺。让我们来看看小鸟这时候是什么心情?

生:恋恋不舍。

师:还有呢?

生:忧伤。

师:还有呢?

生:悲伤。

生:也很期待。期待下一年给树唱歌。

师:一定再见面。

生:小鸟也会伤心。

师:难过。

生:分手之前,小鸟会兴奋。明年回来还有可能给她唱歌。

师:不同的解读方式。好!

生:小鸟还可能会很无助,她离开了树,谁还给她解除忧伤呢?

生:小鸟坚决地许下诺言,说明年一定要来给树唱歌。

师:让我们带着这种坚决的毅力,带着这种悲伤的心情、无助的心情,读读小鸟跟树之间许下的承诺。"日子一天天过去了……小鸟说完向南方飞去了。"

(生读书)

师:好朋友之间许下一个诺言,鸟要去履行这个承诺了。可是她遇到了什么困难。

生:她那棵树不在这里了。

师:树不在了,怎么办? 鸟决定怎么做?

生:打算去寻找树。

生:我打算去问人树在哪儿?

师:我? 你把自己想成那只鸟了,你把自己融入进剧情了。小鸟寻找好朋友过程中容易不容易呢? 会遇到什么困难?

生:她有可能在路途中被猎人给打下来。

师:每一小组都有张小纸条,请你们分组讨论。刚刚这位同学说被猎人打下来,我可以简短地写。能用关键字吗?

生:被打下来了。

师:老师请你们前后左右为一组,先说说自己的想法,接着组内人共同选择小鸟可能遇到的最大的困难,写好就拿上来给老师。这样听得清楚吗?

生:清楚。

师:开始。(生讨论,师指导)

【评】

小鸟在履行承诺的时候可能遇到什么困难,选择其中的一个困难写下来。这是延伸课文内容设计的第二次动笔练习,要求先讨论再写下来。要求写的仅仅是简单的关键词,作为书面语言训练的价值不是很大,如改为口头交流,可以节约时间。

师:写简短点,写一个就好了。写好就请你们拿上来。已经有同学拿上来了。这么多哦,好丰富啊! 我们先来看看。小鸟遇到的困难可能是什么? 这是哪个组写的? 要不要站起来告诉我们?

生:被累死了。

师:被累死了? 告诉我们为什么?

师:因为路途很遥远可能飞得很慢,就累死了。有没有跟他不一样的?

生：路途很长，鸟会病死。路程又那么远，鸟走多了，鸟的脚会起水疱。所以鸟会病死。

师：我第一次知道鸟脚会起水疱哦。

生：鸟累了也会休息，被一些会上树的凶猛的动物给吃了。

师：好恐怖哦。还有没有不一样的？

生：找不到好朋友树了，因为树不见了。他也会迷路，因为问过那么多人，那么多人指指点点，他就晕了。

师：是啊，失去空间感觉。

生：有可能在路上被树枝给刮了，身体受伤。

师：飞的时候没有看到树叶。

生：我觉得小鸟会问狐狸，会被狐狸欺骗了。飞得越来越远，被猛兽吃了。

师：老师肯定你的童话故事看得不少。你们的想法实在是多啊。老师就想到被打下来，饿死，迷路了……小鸟要克服这么多困难，才能找到她的树朋友。

**【评】**

教师要求写关键词语，学生交流时还是说小鸟在履行承诺时会遇到的困难。这是第三次说话练习，此练习主要是为后面的说话练习做铺垫。

师：当你跟别人许下诺言之前，要怎么样呢？

生：要考虑自己能不能做到。

师：为什么要这样呢？

生：因为如果你许下承诺又没有做到，别人就会说你是个不守承诺的人，以后别人就不会相信你的了。

师：是的，守信用之前要先考虑能不能做到。还有没有？

生：就是得保证自己的安全。你不能因为遵守承诺，就经历很大的危险，这也是办不到承诺的。

师：你的意思我明白了。要想想自己能不能做到，保证自己的安全。

生：承诺必须想到自己不管遇到什么困难一定能做到，而且特别简单就能做到。如果有可能做不到,就最好不要许下承诺。

生:必须对方也要愿意。对方要不愿意,那同学就不跟你玩了。

师:刚刚几位同学在说了以后,老师发现同学都在说两件事情,第一个信守诺言之前先考虑想清楚再下承诺,第二个一旦承诺了人家,无论经过什么样的困难,就一定要办到。请问你自己和别人有守信用的例子吗? 先想想,在你生活中经历过或者听到过守信用的例子吗? 遇到什么样的困难呢? 和你同桌同学说说。

【评】

这是本节课教师设计的第四次说话练习。说说生活中经历的或者听到的有关守信用的事情,要求说清楚在完成这件事情时遇到的困难。与上面试说的小鸟履行承诺时遇到什么困难相呼应。学生说话时后者是难点,看教师是怎么指导的。

师:已经有同学们迫不及待地想跟我们分享了哦。

生1:我有一次答应给朋友买卡,卡28元。我妈妈不愿意,我就自己攒钱买了。

师:我们先帮他想想,他可能遇到什么困难?

生:有可能卖光了。

师:对呀,太热门了。

生:他没有工作,很难赚到钱。

师:是啊!

生:他也许会借钱。

师:没有钱还得借钱。我们先想想这好心的同学遇到这些困难,还有没有像这样的一些例子?

生:比如有一家商店,他和你关系不好,不喜欢你,特别黑,要你很多的钱。

师:当这个好心的同学会遇到这么多困难。还有没有不一样的呢?

生2:我听说的一个人首先答应要去看他朋友的比赛,又过了几天又遇到另一个朋友答应看画展。一会看比赛一会看画展,被另一个人发现了就没有朋友了。

师:一个人同时承诺两件事情,是不是? 你的意思是这样吗? 如果同时承诺两个,时间冲突会遇到什么困难呢?

生:有可能遇到想去这方又怕另一方说你不守信用,或者想去另一方,又怕这一方说你不守信用。很难办。

师:唉,做人很难!

生:可能先看球赛,看一半。再去看画展,看完了,再回来比赛就完了。

师:怎么办呢?

生:如果你答应了两个人,那也就是说时间必须就不能冲突。如果冲突了,两个朋友就抛弃你。如果你跟一个人说好了,你可以跟另一个人说我已经和别人约好了,可不可以把时间调整一下。比如看电影,可以看上场或者下场。

师:你连解决方式都想好了。刚才这个例子会遇到什么困难呢?

生:不可能同时两个人和他说。肯定会有一个先,一个后。可以调一下时间。

**【评】**

仔细推敲学生的发言就会发现,两名学生说的事情都与守信有关,在内容选择上是符合要求的,但在叙述事情时都没有把话说清楚,"我有一次答应给朋友买卡,卡28元。我妈妈不愿意,我就自己攒钱买了"。买什么卡呢? 自己攒钱买了以后怎么样呢? 都很不清楚。生2表达的意思也只能是意会,事情没有说得清楚。可见如何清楚完整地把话说出来,对四年级学生来说是一个难点,其实应该作为重点进行指导。

师:老师知道你们都好想讲。老师请问经过这么多同学集思广益后,你们发现信守承诺容易吗?

生:不容易。

师:为什么这么不容易? 谁来帮我们下个结论?

生:信守承诺必须要做到。

师:为什么必须要做到?

生:要不然别人就不会相信你了。

师:必须要做到的过程中呢?

生:过程中困难会有很多。如果你被困难吓倒的话,估计你就没有什么朋友了。

师:是,信守承诺。我们实现对朋友的承诺的时候中间会遇到很多困难,就像我们故事里的小鸟一样,它会为实现对朋友的诺言,克服了那么多的困难它算不算是树的好朋友呢?

生:算!

师:它真不愧是树的好朋友。那故事接着发展下来。我们再来看看小鸟最后有没有信守诺言?到底找到树了吗?认为小鸟找到好朋友的请举手。哦,很多人!有没有认为小鸟没有找好朋友的呢?也有少数几位,我们先来听听少数人的意见。

生:它不是最后变成火柴了吗?只有那么一点痕迹,不是那么的大一棵树。不是一个完美的树了。

师:所以你认为那不是小鸟的朋友了。

生:只剩下一个树根了,不是一个完美的树了,只是一根细细的火柴了。所以我认为树不在了。

师:还有没有?

生:树始终没有见到鸟。但是我不认为鸟没有守诺言,树知道了也会很感动的。

师:老师好奇有没有认为鸟找到好朋友呢?

生:我认为找到了。鸟还是唱歌给树听了。灯火是火柴变成的,火柴是树变成的。对灯火唱歌就是对树听了。

师:哦,你把关系一层一层往回推。所以你认为那盏灯火还是代表那个树朋友。是不是这样呢?

生：我认为是找到树了。那时候树变成了火了。不过它们的友谊在。对着火唱歌，变成灰了再唱歌也不迟。

师：烧成灰了，还在唱歌给这个树听。

生：鸟守承诺了。虽然树被砍了做成了细条条的火柴，但是毕竟火柴和灯火都是树变过来的。所以我认为鸟儿给灯火唱歌也不迟。

师：你们都认为灯火就是树一层一层变过来的。

生：我认为一个东西不在乎它的外表是什么样的，而在于它的心。就是如果树一直想听到鸟儿唱歌，鸟儿给它唱歌也不迟。

师：哦，这个同学讲的你们有没有听清楚？他认为重要的不是形体，心还在嘛！他觉得看见这盏灯火就好像看见它的朋友一样，所以它最后决定信守承诺。它的承诺是什么？

生：它要给上一年的树唱歌。

师：回到最后三行，看看它如何履行它的承诺。"鸟儿盯着灯火唱"念！（生读）

师：请问这时候小鸟是怎样的心情呢？对着灯火来唱歌，你觉得是什么心情呢？

生：我觉得鸟儿会很失望。

师：失望。

生：我觉得鸟儿很悲伤。

师：悲伤。

生：我觉得鸟儿很高兴。

师：为什么呢？

生：因为鸟儿信守诺言，找到了树并且唱歌给他听。

师：这个想法跟刚刚同学的不一样。老师也很想问问刚才的同学，为什么觉得很悲伤呢？

生：因为自己的朋友已经变成了灯火，它们以后可能见不到面了。

师：完全不同的想法，是不是？还有谁想说一说？

生:我觉得第一次它睁大眼睛看灯火很惊奇,因为它睁大眼睛嘛。第二次也是有些忧伤的。

师:所以你觉得它两次睁大眼睛看灯火的心情是不一样的。哦!

生:它很怀念树,感到很孤独。因为以后就它一个人。因为前面说它天天跟鸟唱歌,我都觉得除了树,它就没有其他朋友了。

师:好孤单哦!就一个人了!

生:小鸟又高兴又悲伤。高兴的话,是它守承诺了,可能以后再有树和他交朋友。伤心的是树变成了灯火,灯火总会灭的,就失去了树朋友。就这样又高兴又悲伤。

师:我知道你们还有好多想法,可是我们的时间快到了。老师很庆幸自己跟小鸟和树一样有很多的好朋友,可是我更高兴今天遇到这么多新的好朋友。所以老师决定送一个礼物给你们。这是一首跟好朋友有关诗,诗的名字就叫《我喜欢你》。(师朗诵)

## 我 喜 欢 你

我知道我为什么喜欢你

当我说鬼故事的时候

你居然比我还紧张

当我说笑话的时候

你的笑声比我还响亮

我喜欢你

我们常常一起坐在石椅上谈天说笑

也常常一起追赶跑跳

我们常常躲在树丛里学猫叫

也常常摘野花拔野草

我喜欢你

如果你找到两棵幸运草

你会分给我一棵

如果我找到四棵幸运草

我会给你两棵

如果我们只找到三棵

那么我们就继续找下去

有时我们运气好

有时我们不那么好运

我喜欢你

无论春夏秋冬

无论刮风下雨

天天我都喜欢你们

师：今天课就上到这里。谢谢四（10）班的同学们，我新认识的朋友们！好，下课！

## 【总评】

中国台湾黄敏老师在介绍自己的设计理念时说"这一篇童话故事不论是在叙写方式、用词用语，乃至故事的表面意涵，对四年级的学生而言都应算是简易的"，因此课堂教学没有在读懂故事情节内容上多花时间。我十分赞同黄老师这样的判断，语文课将宝贵的时间花费在课文情节内容的讨论上，实在是低估学生的理解能力。

黄老师如何上这堂语文课的呢？她主要是从课文中引申出几个重要的议题——"什么是好朋友？什么是坏朋友？""举两个守信用的故事或生活经验，探究如何才能做到守信？""探究何谓牺牲奉献？自觉的、被迫的、无意识的，哪一种才算是牺牲奉献？"，引导学生在课堂上进行深入的探究。尽管这些议题是从这篇课文的主题中引申出来的，但是如果仅仅是讨论这样的问题，那么语文课的任务性质会发生异化。因为这些问题在思品课或社会课上讨论更加合适，语文课主要是学习语言文字运用的课程，应该主要瞄准提高学生语言建构能力来设计教学。

那么在这堂课里,黄老师是通过怎样的教学方式体现出语文课的特点的呢?研读整个课例,我们可以发现教师在问题讨论过程中设计了四次说话写话练习。第一次:和朋友在一起,会做什么事情。第二次:小鸟和大树平常除了唱歌之外,还会做什么?先和同桌说一说,然后再动笔写下来。第三次:小鸟寻找好朋友过程中容易不容易呢?会遇到什么困难?第四次,要求说说自己在生活中经历的或者听到的有关守信用的事情,特别是说清楚在做这件事时遇到的困难。四次说话练习有三次设计了同桌说话或分小组说话,然后再交流,其中第二次和第三次都安排了动笔写话。利用课文创设情境引导学生说话或写话,训练学生口头或书面语言运用的能力,这是非常值得提倡的、能够体现语文课特点的教学方式。这样的教学方式不仅能够有效提高学生的语言表达能力,而且可以引导并启发学生对课文思想内容的深入思考,获得情感态度价值观的教育。比如学生说有关守信用的事情,不仅仅是一次说话练习,也涉及对"守信"这个概念的理解,在听和说的过程中接受做人要守信的价值观教育。

需要关注的是,语文课的此类问题讨论应该有别于思品课或社会课,追求观点认识的正确只是一个方面。语文课更需要追求学生语言表达的清楚和规范,比如恰当地用词,连贯地组织句子等,把培养或提高学生语言表达能力作为教学的另一个重要目标。思品课、社会课可以只强调观点的正确;而语文课除了要求观点正确,还应该重视语言表达的正确规范。否则就会将语文课与思品课混淆起来,造成语文课性质的异化。

如果能认同上述观点,那么这堂课存在的问题就显而易见:学生说话练习机会很多,但是不少学生话没有说清楚,说话中语病很多,教师没有及时进行指导,也没有加以纠正。这样对提高学生口头或书面语言表达能力其实并不有效。比如四次说话练习"说说生活中经历的或者听到的有关守信用的事情,要求说清楚在完成这件事情时遇到的困难"。生1和生2表达的意思可以意会,但问题多多,很不规范。因此教师应该引导学生关注交流时说话的清楚、表达的规范,进行适当的指导和点评,这样对规范学生的语言表达方式、提高学生的语言表达能力更加有效。当然这需要花费课堂教学时间。其实这堂课如果将四次话题讨论和两次动笔练习砍去一半,集中更多时间让学生扎扎实实地说好一件或两件事情,充分进行交流,相互点评,取长补短,并在学生说清楚以后再安排写下来,把更多时间放在促进学生语言表达的正确规范的训练上,可能会对提高学生的语文建构能力更加有效。学生在语言实践的同时也能获得情感态度价值观方面的教育。